Price Monitoring Report, 2017

Price Monitoring Group People's Bank of Cl

*2017*年

价格监测分析报告

中国人民银行价格监测分析小组

中国金融出版社

责任编辑：吕　楠
责任校对：孙　蕊
责任印制：张也男

图书在版编目（CIP）数据

2017 年价格监测分析报告/中国人民银行价格监测分析小组 . —北京：中国金融出版社，2018.11

ISBN 978 – 7 – 5049 – 9803 – 3

Ⅰ.①2… Ⅱ.①中… Ⅲ.①价格—监测—研究报告—中国—2017 Ⅳ.①F726.7

中国版本图书馆 CIP 数据核字（2018）第 237008 号

出版
发行　中国金融出版社

社址　北京市丰台区益泽路 2 号
市场开发部　（010）63266347，63805472，63439533（传真）
网 上 书 店　http：//www.chinafph.com
　　　　　　　（010）63286832，63365686（传真）
读者服务部　（010）66070833，62568380
邮编　100071
经销　新华书店
印刷　北京市松源印刷有限公司
尺寸　185 毫米×260 毫米
印张　10.5
字数　198 千
版次　2018 年 11 月第 1 版
印次　2018 年 11 月第 1 次印刷
定价　45.00 元
ISBN 978 – 7 – 5049 – 9803 – 3
如出现印装错误本社负责调换　联系电话(010)63263947

2017 年价格监测分析小组

组　　　长：徐　忠

副 组 长：李　波　霍颖励　纪志宏　陆　磊　周学东
　　　　　　阮健弘　朱　隽　金鹏辉　周逢民　董龙训

报 告 总 纂：徐　忠　刘向耘　纪　敏
报 告 执 笔：张怀清　陈　俊　马志扬　高　宏　赵　阳
　　　　　　徐瑞慧　王　冲　韩庆潇　王兆旭

报 告 合 作：中国人民银行济南分行

卷首语

2017 年，全球经济整体呈现同步复苏态势，经济持续扩张，但全球贸易失衡导致反全球化思潮与保护主义情绪加剧，国际贸易及投资保护主义风险有所加剧。我国经济进入转变发展方式、优化经济结构、转换增长动力的攻关期，面对困难和挑战，政府坚持稳中求进的工作总基调，着力创新和完善宏观调控，经济运行保持在合理区间、实现稳中向好。2017 年，国内生产总值增长 6.9%，经济发展呈现出增长与质量、结构、效益相得益彰的良好局面。

2017 年，居民消费价格涨势温和，工业生产者价格由降转升。居民消费价格（CPI）同比上涨 1.6%，涨幅比上年回落 0.4 个百分点。其中，食品价格同比下降 1.4%，涨幅较上年降低 6 个百分点；非食品价格同比上涨 2.3%，涨幅较上年提高 0.9 个百分点。工业生产者出厂价格（PPI）同比上涨 6.3%，结束了自 2012 年以来连续 5 年下降的态势；其中，生产资料价格同比上涨 8.3%，涨幅较上年扩大 10 个百分点，生活资料价格同比上涨 0.7%，涨幅较上年扩大 0.7 个百分点。从价格波动特征看，除 1 月份外，CPI 同比涨幅总体呈波动上升态势，受春节因素影响，1 月份 CPI 同比上涨 2.5%，为年内高点，2 月份同比上涨 0.8%，为年内低点，此后总体回升。PPI 同比涨幅总体呈"M"形态势，年中、年末涨幅较低，12 月份同比上涨 4.9%，为年内低点。

导致价格走势变化的主要原因有以下几个方面。一是投资增速小幅减缓，消费增速相对平稳，出口增速有所回升，总需求的变化有助于价格水平的整体平稳，并推动 PPI 与 CPI 的背离收窄。二是供给侧结构性改革的政策效果逐渐显现，去产能及环保限产等措施导致工业品供给端明显收缩，上游工业品价格显著上涨。三是国际原油等大宗商品价格上涨推动相关产品价格涨幅。四是猪周期下行导致食品价格下降，天气因素影响鲜菜等农产品供给，鲜菜价格波动较大。

展望 2018 年，价格总水平将温和上涨，CPI 涨幅将略高于 2017 年，PPI 涨幅将有所回落。从国际上看，2018 年全球经济增速有望略快于 2017 年，增长动能趋强，国际原油等大宗商品价格仍有上涨可能，但供给增加也将限制价格上升空间。从国内看，去产能和环保督查工作仍将继续推进，但边际影响趋于减小，对价格的冲击或将减弱。受防控地方政府债务风险、融资监管趋严等影响，基建投资的资金来源趋紧，基建投资维持高位的难度较大，对价格的拉升作用有所弱化。受天气变化影响，鲜菜价格仍将延续波动态势。总体看，2018 年价格总水平将温和上涨，相较于 2017 年，CPI 涨幅或略有上升，PPI 同比涨幅将有所回落。

在经济新常态下，未来价格走势将呈现出新的特征和变化，需要深入分析和研究。一是全球经济复苏势头向好，产能利用率也呈回升态势，但发达经济体的通胀率仍低于目标，新兴经济体的通胀率明显走低。这与经济学理论中价格与经济增长、就业、工资的关系出现了不一致。全球低通胀态势需要中央银行采取相应的政策工具进行应对。二是我国经济增长动力逐步转变，消费替代投资，对经济起到最大拉动作用，服务业对经济增长的贡献率也超越制造业，叠加人口老龄化加剧的影响，借鉴发达国家的经验，我国价格变化的中枢或将维持中低位，波动率有所降低，低位波动或成为新常态。三是经济 L 形阶段，供给对价格的影响有所强化，考虑到产能过剩仍是短中期内经济中的突出问题，供给侧结构性改革将继续深化，部分工业品价格的供需基础可能发生明显变化，对 PPI 的波动仍将产生一定程度的影响，未来值得深入研究。四是经济转型导致价格驱动的主要因素有所变化，服务业价格变化对 CPI 的影响增强，未来需要加强对服务业价格的分析和监测，以准确把握价格结构性变化的特征。

自 2004 年以来，中国人民银行价格监测分析小组持续跟踪价格形势，撰写并定期向货币政策委员会的季度例会提供《价格监测分析报告》，尽量全面地分析价格变动的内在逻辑和准确地把握未来价格变动趋势，为货币政策决策提供重要参考。本书即是 2017 年各季度《价格监测分析报告》的年度合集，还包括了"全球低通胀：表现、原因和政策挑战"等专题，有助于增强读者对价格及宏观经济形势变化的了解。由于时间和水平所限，书中疏漏之处在所难免，欢迎各位读者批评和指正，我们将积极采纳和努力完善！

目录

第一部分
2017年第一季度价格监测分析

主要观点和结论

2017年前两个月价格走势总体延续了2016年下半年以来的回升态势。CPI同比涨幅1月份达到近年高点，2月份有所回落，其中食品价格涨势放缓并于2月份转为下跌，非食品价格上涨较快。PPI同比涨幅继续扩大，环比涨幅有所收窄。大宗商品价格总体走低。国内一二线城市新建商品住宅价格环比较为平稳，但大城市周边部分三四线以及一线城市二手房价格上涨较快，股票价格振荡回升，债券价格振荡下行。

在宏观层面，总需求改善为价格稳定提供了支撑。在微观层面，猪肉供给持续改善，天气因素有利于鲜菜等农产品生产，食品价格涨幅放缓；受成本、价格改革等因素影响，医疗保健、教育文化等价格上涨较快，成品油价格上调推动燃料价格上涨。部分工业品供求关系调整及基期因素导致PPI同比持续上涨，而大宗商品价格的变化也影响了部分原材料价格。

预计总需求仍将呈现平稳态势，价格整体上涨程度有限。猪肉价格和鲜菜价格保持相对稳定，考虑到基期因素，预计食品价格对CPI的拉动作用减弱；成本上升及价格改革成为影响CPI趋势的重要因素。国内主要工业品短期供应紧张的局面将进一步缓解；受需求上升动力不足以及页岩油替代性不断增强的影响，原油等大宗商品价格的上涨空间有限，输入性通胀压力减缓。预计2017年全年CPI上涨约2%，PPI上涨约5%。

（本部分完成于2017年3月23日）

一、价格形势

　　2017 年前两个月价格走势总体延续了 2016 年下半年以来的回升态势。CPI 同比涨幅 1 月份达到近年高点，2 月份有所回落，其中食品价格涨势放缓并于 2 月份转为下跌，非食品价格上涨较快。PPI 同比涨幅继续扩大，环比涨幅有所收窄。大宗商品价格总体走低。国内一二线城市新建商品住宅价格环比较为平稳，但大城市周边部分三四线以及一线城市二手房价格上涨较快，股票价格振荡回升，债券价格振荡下行。

（一）价格涨幅总体呈回升态势

1. 居民消费价格涨幅波动较大

CPI 同比涨幅达到近年来高点后有所回落。CPI 同比涨幅于 2016 年 8 月达到 1.3% 的低点后，9 月回升至 1.9%，10 月以后连续保持在 2% 之上，2017 年 1 月达到 2.5% 的近年来高点，2 月又回落至 0.8%。其中，剔除食品和能源的核心 CPI 涨幅自 2016 年 2 月达到 1.3% 的近期低点以后总体不断上升，2017 年 1 月同比上涨 2.2%，达到 2011 年 11 月以来高点，2 月虽回落至 1.8%，但仍保持在 2016 年 7 月以来的相对高位。

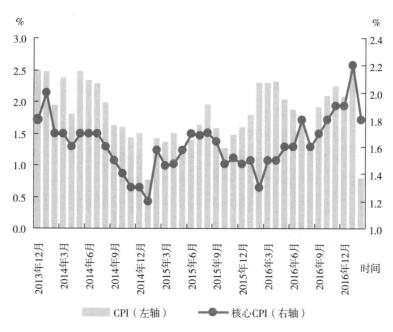

数据来源：国家统计局。

图 1 - 1　CPI 同比上涨情况

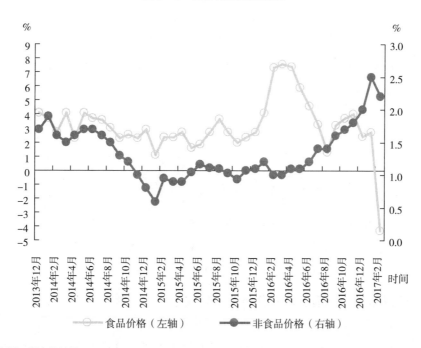

数据来源：国家统计局。

图 1 - 2　食品价格和非食品价格同比上涨情况

食品价格涨势不断放缓并于 2 月转为下跌，非食品价格上涨较快。自 2016 年 4 月以来，食品价格涨幅总体呈现回落态势，在 8 月达到 1.3% 的低点后，虽然有所反弹，但很快重现回落势头，2017 年 2 月同比下降 4.3%，为 2009 年 8 月以来首次出现涨幅为负的情形。引起食品价格涨势不断放缓并转为下降的主要因素，是畜肉类价格和蛋价格不断走低及鲜菜价格剧烈波动。畜肉类价格涨幅于 2016 年 5 月达到 28.3% 的高点后，较快回落至 8 月的 5%，此后呈小幅波动态势，2017 年 1 月为 5.7%，2 月转为 −0.1%。猪肉价格变化与畜肉类整体价格走势基本一致，只是幅度更大一些。蛋价格涨幅自 2015 年 4 月以来就基本处于负值区间，仅在 2016 年 6 月小幅为正（0.3%），之后总体不断走低，2017 年 2 月为 −14.9%。鲜菜价格涨幅于 2016 年 3 月达到 35.8% 的高点后，快速回落至 6 月的 −6.5%，此后逐渐回升至 11 月的 15.8%，12 月又回落至 2.6%，2017 年 1 月为 1.6%，2 月转为 −26%。鲜果价格涨幅于 2016 年 3 月达到 −10.2% 的低点后，总体不断回升，9 月达到 6.7% 的高点，此后走势大体稳定。粮食、食用油、水产品、奶等其他食品价格变化较小。非食品价格上涨较快，自 2016 年 4 月以来，非食品价格总体呈现加速上涨态势，2017 年 1 月同比上涨 2.5%，2 月涨幅回落至 2.2%，但仍为 2011 年 12 月以来次高点。

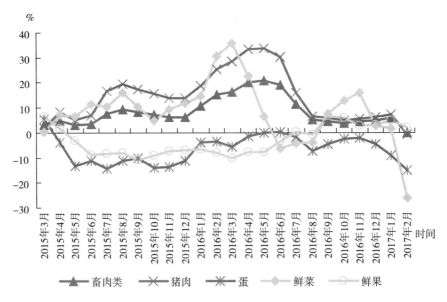

数据来源：国家统计局。

图 1 - 3　部分食品价格变化情况

翘尾因素变化较为明显，新涨价因素变化较小。2017 年 2 月，翘尾因素为零，较上个月回落 1.5 个百分点；新涨价因素为 0.8%，较上个月回落 0.2 个百分点。从对 CPI 同比涨幅变动的影响看，2 月 CPI 同比涨幅比 1 月低 1.7 个百分点，其中翘尾因素变化的影响为 1.5 个百分点，贡献度为 88.2%；新涨价因素变化的影响为 0.2 个百分点，贡献度为 11.8%。

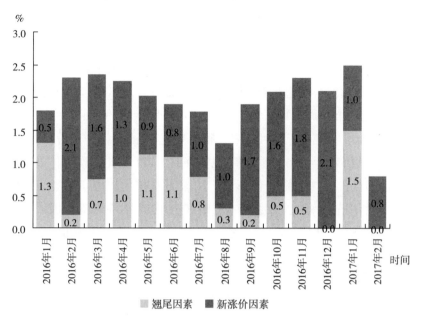

数据来源：国家统计局。

图 1-4 翘尾因素和新涨价因素

CPI 环比走势基本符合历史规律。2016 年 10 月以后，CPI 环比涨幅连续低于或持平于历史同期平均涨幅，2017 年 2 月 CPI 环比下降 0.2%，其中，食品价格环比下降 0.6%，非食品价格环比下降 0.1%。

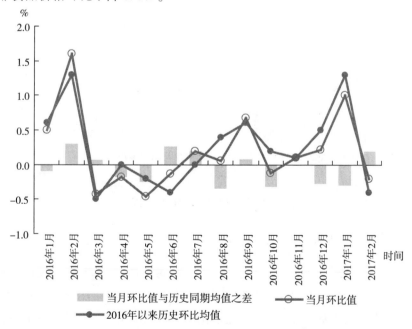

数据来源：国家统计局。

注：2017 年 1、2 月对应的历史同期环比均值分别为春节所在月份和春节后一个月均值。

图 1-5 CPI 环比与历史环比均值比较

2. 工业生产者价格涨幅继续扩大

自 2016 年 9 月起结束连续 54 个月同比下降后，PPI 同比涨幅持续扩大。2017 年 2 月 PPI 同比上涨 7.8%，涨幅比上个月扩大 0.9 个百分点。其中，生产资料价格同比上涨 10.4%，涨幅比上个月扩大 1.3 个百分点，影响 PPI 上涨约 7.6 个百分点；生活资料价格同比上涨 0.8%，涨幅与上个月持平，影响 PPI 上涨约 0.2 个百分点。

自 2016 年 3 月结束连续 26 个月的环比下降后，PPI 环比涨幅总体处于正值区间，在 6 月出现小幅为负（ - 0.2%）情形后，涨幅不断扩大，12 月达到 1.6% 的高点，2017 年 1 月大幅回落至 0.8%，2 月进一步回落至 0.6%。在新涨价因素扩大的同时，翘尾因素也有所扩大，PPI 同比涨幅随之扩大。2017 年 2 月，新涨价因素约为 1.4%，比上个月扩大 0.6 个百分点；翘尾因素约为 6.4%，比上个月扩大 0.3 个百分点。

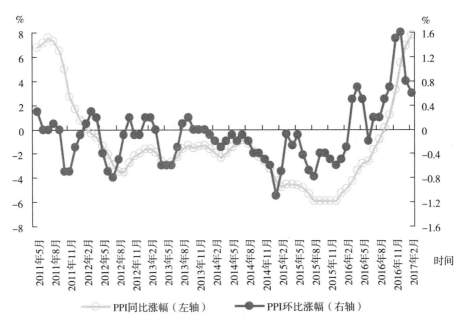

数据来源：国家统计局。

图 1 - 6　工业生产者出厂价格走势

3. 企业商品价格涨幅扩大

中国人民银行监测的企业商品价格（CGPI）同比自 2016 年 9 月实现由负转正以来，涨幅不断扩大。2017 年 2 月，CGPI 同比上涨 9.3%，涨幅比上个月扩大 0.8 个百分点。其中，农产品价格上涨 0.1%，涨幅比上个月缩小 4.4 个百分点；矿产品价格上涨 17.1%，涨幅比上个月扩大 1.9 个百分点；煤油电上涨 21.5%，涨幅比上个月扩大 3.8 个百分点。

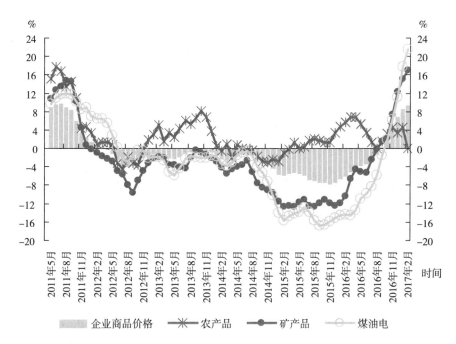

数据来源：中国人民银行。

图1-7 企业商品价格走势

4. 出口价格涨幅有所回升，进口价格涨幅显著扩大

2016年12月，出口价格同比上涨2.1%，结束此前持续12个月的同比下跌走

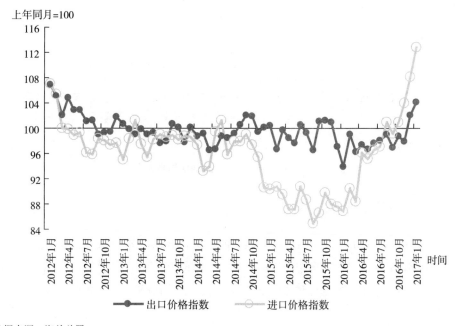

数据来源：海关总署。

图1-8 进出口价格走势

势，2017 年 1 月涨幅进一步扩大至 4.1%，达到 2012 年 5 月以来高点。2016 年 8 月，进口价格同比上涨 1%，结束此前连续 52 个月的同比下降走势，9 月下降 0.8%，之后连续上涨，且涨幅逐月扩大，2017 年 1 月达到 12.8%，为 2011 年 11 月以来高点。

（二）国际大宗商品价格总体下跌

1. CRB 商品价格指数有所走低

进入 2017 年后，CRB 商品价格指数总体延续了自 2016 年 11 月中旬以来的回升走势，2017 年 1 月 17 日达到 195.14 的高点，回升幅度达 8.3%，之后开始逐渐走低。2017 年 3 月 14 日，RJ/CRB 商品价格指数为 182.12，较同年 1 月 17 日下降 13.02，跌幅达 6.7%。

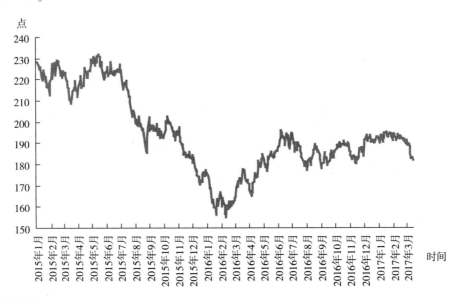

数据来源：Wind。

图 1 - 9　RJ/CRB 商品价格指数走势

2. 国际原油价格盘整后出现急跌

2016 年 11 月中旬至 12 月上旬，国际原油价格出现一轮较快反弹，随后进入盘整阶段，2017 年 3 月初又出现较快下跌。3 月 14 日布伦特原油期货价格和 WTI 原油期货价格分别收于每桶 50.92 美元和 47.72 美元，较 3 月初分别下跌 9.7% 和 11.4%。

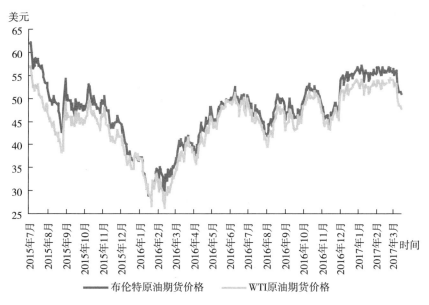

数据来源：Wind。

图 1 - 10 国际原油期货价格走势

3. 铁矿石价格经历大幅上涨后有所回落

2016 年 10 月中旬以来，铁矿石价格经历了一轮大幅上涨走势，2017 年 2 月 21 日，普氏铁矿石价格指数（62% Fe：CFR 中国北方）达到 95.05 美元/干吨的高点，涨幅达 68.8%。此后有所回落，3 月 14 日为 88.60 美元/干吨，较 2 月 21 日下跌 6.45 美元，跌幅达 6.8%。

数据来源：Wind。

图 1 - 11 铁矿石价格走势

4. 主要有色金属价格振荡反弹后略有下行

经历了 2016 年 10 月下旬以来的较快反弹有所回落走势后，国际铜和铝的价格自 2017 年初开始又振荡反弹，LME 铜和铝价格先后于 2 月 13 日和 3 月 1 日分别达到每吨 6103.50 美元和 1942.50 美元的高点，反弹幅度分别达 11.2% 和 14.4%，此后再次出现下行。3 月 14 日 LME 铜和铝价格分别为每吨 5798.25 美元和 1845.00 美元，较此前高点均下跌 5%。

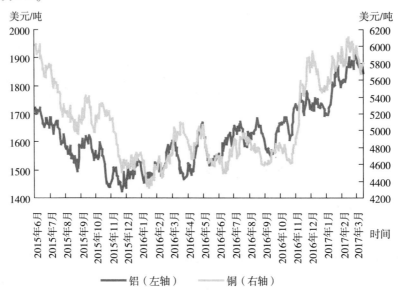

数据来源：Wind。

图 1 - 12　LME 铜和铝价格走势

5. 主要农产品价格波动上行后下跌

2017 年初，CBOT 大豆、稻米期货价格出现了一波上涨行情，并先后于 1 月 18 日、1 月 24 日见顶，分别较年初上涨 8.7%、6.1%；玉米和小麦期货价格则分别延续了 2016 年 9 月初和 12 月初以来的上涨态势，均于 2 月 15 日达到高点，分别较年初上涨 6.5%、11.3%。3 月 14 日，CBOT 大豆、玉米、小麦、稻米期货价格较近期高点分别下跌 7.6%、6.1%、8.8% 和 4.3%。

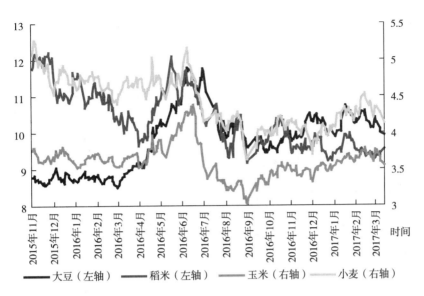

数据来源：CEIC。

注：图中大豆、玉米、小麦价格单位为美元/蒲式耳，稻米价格单位为美元/英担。

图1-13 CBOT粮食价格走势

（三）资产价格涨跌互现

1. 一二线城市新建商品住宅价格环比较为平稳

从新建商品住宅价格看，2017年2月，北京、深圳环比分别下跌0.1%、0.6%，跌幅均比上个月加深0.1个百分点；上海、广州环比分别上涨0.2%、0.9%，涨幅均比上个月扩大0.3个百分点。二线城市中的南京、杭州、武汉、合肥环比分别下跌0.1%、0.2%、0.2%和0.2%，其中，南京跌幅比上个月缩小0.1个百分点，杭州、武汉、合肥跌幅分别比上个月加深0.2个、0.1个、0.1个百分点。

从二手住宅价格看，2017年2月，北京、上海、广州环比分别上涨1.3%、0.2%、2.7%，涨幅分别比上个月高0.5个、0.6个、1.1个百分点；深圳环比下跌0.7%，跌幅比上个月加深0.6个百分点。南京、杭州、武汉分别环比上涨0.1%、0.6%、0.7%，涨幅分别比上个月高出0.2个、0.1个、0.3个百分点；合肥环比下跌0.8%，跌幅比上个月加深0.7个百分点。

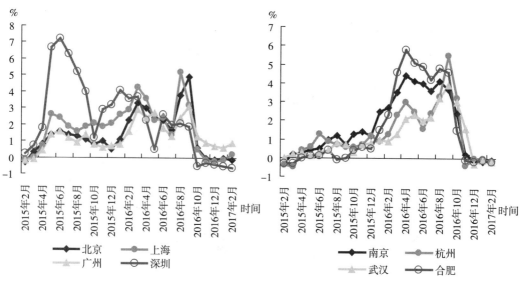

数据来源：国家统计局。

图 1 - 14　部分城市新建商品住宅价格环比变动情况

2. 股票价格有所回升

2016 年 5 月中旬以来，股票价格总体呈现振荡走高态势，12 月初出现了较明显的回调。进入 2017 年后，股票价格又开始波动回升。3 月 14 日上证综合指数收于 3239. 330 点，较年初上涨 103. 41 点，涨幅达 3. 3%。与此同时，上交所平均市盈率由 16. 12 倍提高到 16. 88 倍，升幅达 4. 7%。

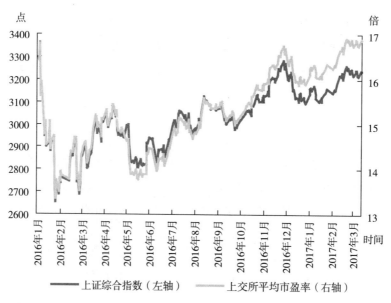

数据来源：Wind。

图 1 - 15　上证综合指数和上交所平均市盈率走势

3. 中债指数总体振荡下行，债券收益率明显上行

2017 年以来，中债总净价指数和中债国债总净价指数总体振荡走低，3 月 14 日分别收于 114.93 和 116.79，较年初分别下跌 1.5% 和 1.3%。与此同时，债券收益率明显上行，3 月 14 日，不考虑隔夜收益率，国债、政策金融债、企业债（AAA）和中短期票据（AAA）各关键期限点分别较年初平均上行 14.01 个、21.97 个、32.18 个和 33.68 个基点。

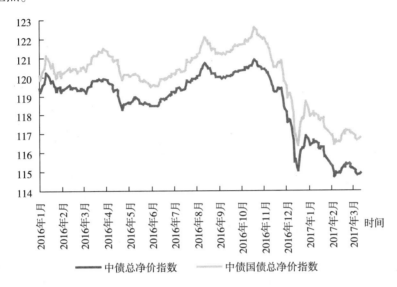

数据来源：Wind。

图 1-16 中债指数走势

二、成因分析

在宏观层面，总需求改善为价格稳定提供了支撑。在微观层面，猪肉供给持续改善，天气因素有利于鲜菜等农产品生产，食品价格涨幅放缓；受成本、价格改革等因素影响，医疗保健、教育文化等价格上涨较快，成品油价格上调推升燃料价格上涨。部分工业品供求关系调整及基期因素导致 PPI 同比持续上涨，而大宗商品价格的变化也影响了部分原材料价格。

（一）总需求改善影响了价格走势

2016 年 9 月以来，宏观经济政策的作用进一步发挥，经济增长新动能继续累积，加之伴随主要发达经济体经济有所恢复，短期总需求呈现改善信号。

1. 投资增速有所企稳

2017 年 1~2 月，固定资产投资累计同比增长 8.9%，增速比 2016 年全年提高 0.8 个百分点。其中，民间固定资产投资同比增长 6.7%，增速比 2016 年全年提高 3.5 个百分点。

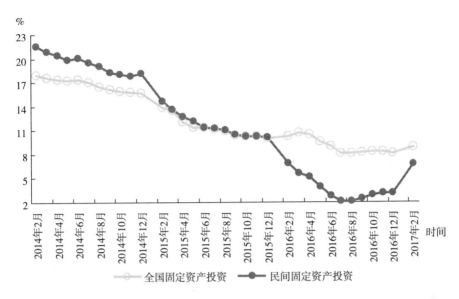

数据来源：Wind。

图1-17 全国及民间固定资产投资累计同比增速变化情况

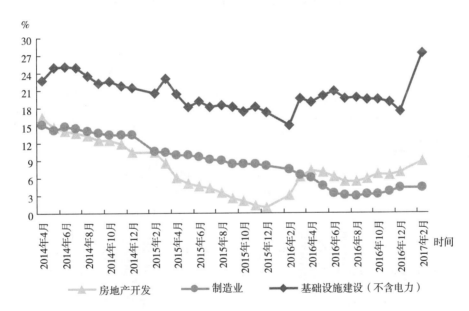

数据来源：Wind。

图1-18 三大固定资产投资累计同比增速变化情况

房地产开发投资增速回升。在前期商品房销售火爆和房价快速上涨的带动下，房屋新开工面积和房地产开发投资增速保持回升态势。2017年1~2月，房地产开发投资累计同比增长8.9%，增速比上年全年提高2个百分点，比上年同期上升5.9个百分点。房屋新开工面积累计同比增长10.4%，比上年全年提高2.3个百分点，但比上年同期下滑3.3个百分点。

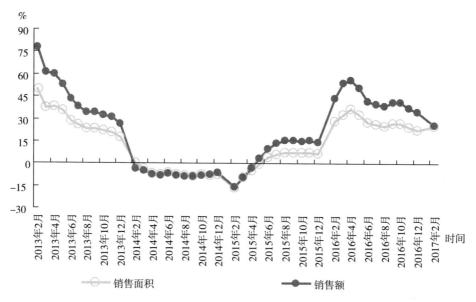

数据来源：Wind。

图 1 - 19　商品房销售面积和销售额累计同比变化情况

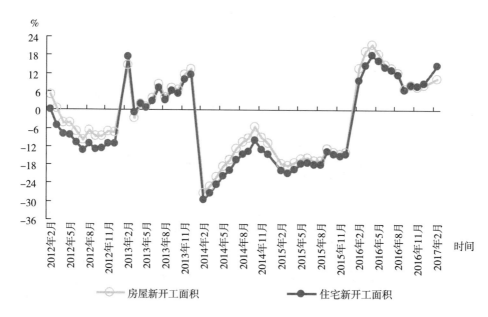

数据来源：Wind。

图 1 - 20　房屋新开工面积和住宅新开工面积累计同比变化情况

基建投资增速维持相对高位。随着积极财政政策加力增效、PPP 项目加速落地、重大项目建设进程加快，基建投资增速继续维持在 20% 左右的高位。2017 年 1 ~ 2 月，基础设施建设投资（不含电力）累计同比增长 27.3%，增速比上年全年提高 9.9 个百分点，比上年同期提高 12.3 个百分点。其中，水利、环境和公共设施管理业投资增长

33.6%，增速比上年全年提高 10.3 个百分点；道路运输业投资增长 21.6%，增速比上年全年提高 6.5 个百分点；铁路运输业投资增长 12.1%，增速比上年全年提高 12.3 个百分点。

制造业投资增速低位回升。 受企业盈利有所改善、稳增长及扩大民间投资等政策影响，制造业投资增速有所回升。但传统行业产能过剩矛盾依然突出，制造业投资增速仍处于低位。2017 年 1~2 月，制造业投资累计同比增长 4.3%，增速比上年全年提高 0.1 个百分点，但比上年同期下降 3.2 个百分点。分行业看，汽车制造业、运输设备制造业、医药制造业等投资增速加快，通用设备制造业、专用设备制造业等行业投资增速由负转正，但化学原料及化学制品制造业、非金属矿物制品业、黑色金属冶炼及压延加工业、有色金属冶炼及压延加工业等行业投资持续负增长。

2. 消费增速回落

在经济增长放缓、城乡居民收入增幅回落的背景下，消费增速总体放缓。2017 年 1~2 月，社会消费品零售总额累计同比名义增长 9.5%，比 2016 年全年下滑 0.9 个百分点，比上年同期下滑 0.7 个百分点，2004 年以来首次低于 10%；实际增长 8.1%，比 2016 年全年下滑 1.5 个百分点，比上年同期下滑 1.4 个百分点，为 2003 年统计数据公布以来的最低值。

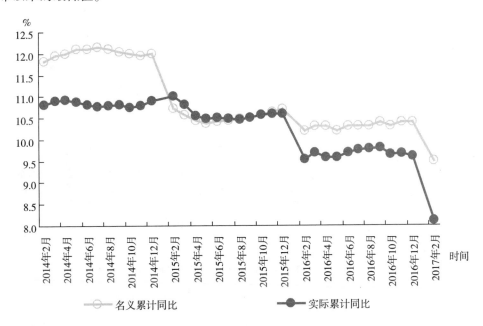

数据来源：Wind。

图 1-21 社会消费品零售总额名义累计同比及实际累计同比增速变化情况

商品零售的增长继续呈现每年年初回落的规律，2017 年 1~2 月累计同比增长 9.4%，比 2016 年全年下滑 1 个百分点，比上年同期下滑 0.7 个百分点，为 2010 年统计数据公布以来的最低值。从商品零售的分项看，受成品油价格回升及上年基数较低等因素影响，石油及制品类零售增速快速增加，1～2 月限额以上单位石油及制品类商品零售累计同比增长 14%，增速比 2016 年全年提高 12.8 个百分点，比上年同期提高 13.5 个百分点。受近期商品房销售增速放缓的影响，家具类、建筑及装潢材料类、家用电器和音像器材类等部分居住类商品增速回落，1～2 月限额以上单位家具类、建筑及装潢材料类、家用电器和音像器材类商品零售同比分别增长 11.8%、12.9% 和 5.6%，增速比 2016 年全年回落 0.9 个、1.1 个和 3.1 个百分点，比上年同期回落 4.6 个、2.0 个和 2.3 个百分点。受上年基数较高因素影响，1～2 月限额以上单位汽车类商品零售累计同比由正转负，下降 1%，比 2016 年全年下滑 11.1 个百分点，比上年同期下滑 6.4 个百分点。

餐饮收入增速延续 2016 年以来的下滑趋势，2017 年 1～2 月累计同比增长 10.6%，比 2016 年全年下滑 0.2 个百分点，比上年同期下滑 0.7 个百分点，增速为 2015 年以来的新低。

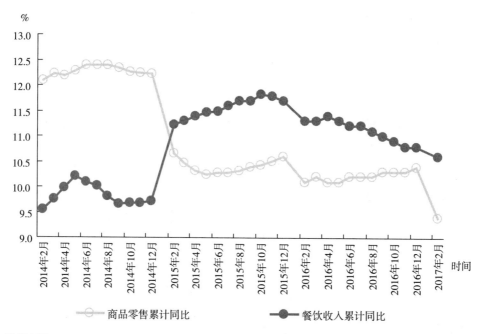

数据来源：Wind。

图 1-22　商品零售累计同比和餐饮收入累计同比增速变化情况

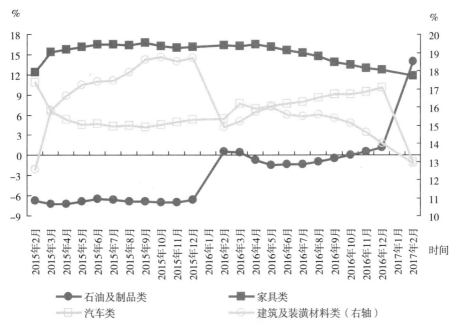

数据来源：Wind。

图1-23 限额以上单位商品零售累计同比增速变化情况

3. 出口有所改善

2017年1~2月，我国出口金额（美元计价）累计同比增长4%，比上年同期回升25.1个百分点。对主要贸易伙伴出口全面正增长。1~2月，我国对美国出口金额累计同比增长4.4%，比上年同期回升20.1个百分点；对欧盟出口金额累计同比增长1.9%，比上年同期回升17.3个百分点；对东盟出口金额累计同比增长7.5%，比上年同期回升32.2个百分点；对日本、中国香港地区出口金额累计同比也呈正增长。

出口改善主要受贸易伙伴需求改善的影响。2017年1~2月主要经济体经济状况有所好转，摩根大通全球综合PMI持续回升，至2017年2月，已经连续5个月在53%以上。美国、欧元区和日本1月、2月制造业PMI均延续2016年下半年以来的升势，其中2月欧元区制造业PMI为55.4%，创下2011年5月以来的新高，日本制造业PMI为53.3%，创下2014年4月以来的新高。受主要发达经济体需求持续回暖的影响，国际贸易形势持续好转。2016年下半年以来，波罗的海干散货指数（BDI）快速回升，2017年以来虽有所回落，但2月以来继续回升，3月16日升至1172，是上年同期的2.98倍。此外，上年基数较低也是近期出口同比增速回升的因素之一。

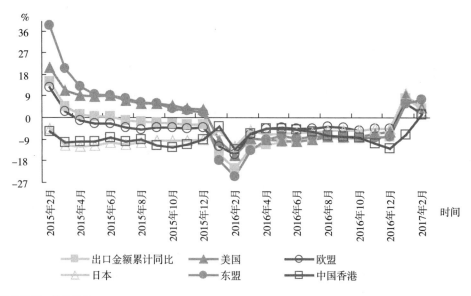

数据来源：海关总署。

图 1 – 24　我国出口总额及对主要贸易伙伴出口累计同比增速变化情况

数据来源：Wind。

图 1 – 25　波罗的海干散货指数（BDI）变化情况

（二）食品价格回落是 CPI 同比涨幅下降的主因

食品价格同比涨幅回落较多是 2017 年 1 ~ 2 月 CPI 累计同比涨幅下降的主要原因。1 月、2 月食品价格同比涨幅分别为 2.7% 和 – 4.3%。排除春节错位因素的影响，1 ~ 2

月食品价格累计同比下降0.9%，为2009年10月以来首次转负。

1. 天气因素导致鲜菜价格同比涨幅回落

2017年1月、2月，鲜菜价格同比涨幅分别为1.6%和-26%，累计同比下降14%，涨幅比上年同期减少37.2个百分点。基期和天气因素是导致鲜菜价格同比涨幅大幅回落的主因。一方面，上年同期在寒潮天气影响下，气温相对较低，鲜菜供给不足，菜价处于高位，抬升了对比基数。另一方面，2017年1月、2月，全国平均气温较常年同期明显偏高，有利于鲜菜的生长，市场供应充足。从50个城市主要食品价格监测看，受春节错位因素影响，2017年1月部分鲜菜价格较上年同期有所上涨，但2月主要鲜菜价格同比均转负，油菜、豆角、芹菜、大白菜等同比降幅超过或接近30%。

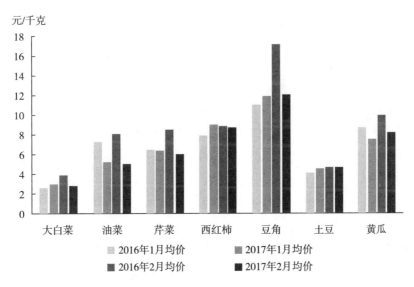

数据来源：国家统计局。

图1-26 50个城市主要鲜菜平均价格变动情况

2. 供给改善导致猪肉价格涨幅减缓

2017年1月、2月，猪肉价格同比涨幅分别为7.1%和-0.9%，累计同比上涨2.9%，涨幅比上年同期减少19.2个百分点。猪肉价格同比涨幅回落的主因是，一是猪肉供给偏紧的局面持续改善。2016年下半年饲养的仔猪陆续上市，在一定程度上缓解了生猪市场供不应求的局面。同时，2016年我国进口猪肉同比增长108.4%，出口猪肉同比下降32.1%，2017年1月我国继续延续猪肉进口增、出口降的局面，在一定程度上改善了猪肉的供给，抑制了猪肉价格的上涨。二是上年基数较高。2016年1~2月，猪肉价格持续上涨，尤其是春节期间，22个省市猪肉均价达到27.55元/千克，创下2011年11月以来的阶段性新高。伴随着猪肉供给的增加，2017年春节期间猪肉均价高点为 26.41 元/千克，比上年同期有所回落。

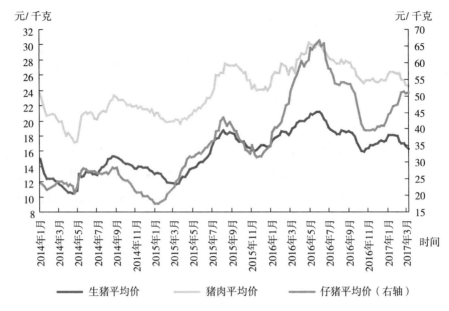

数据来源：Wind。

图 1 - 27　22 个省市猪肉平均价、生猪平均价、仔猪平均价

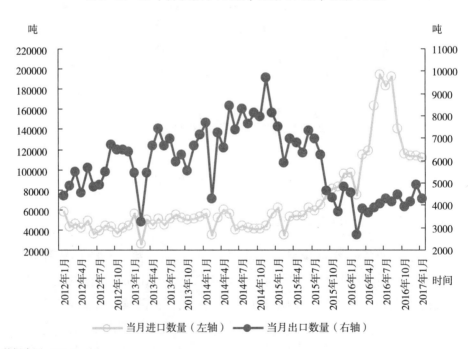

数据来源：Wind。

图 1 - 28　猪肉当月进出口数量变化情况

（三）供给及价格改革等因素推动非食品价格上涨

2017年1月、2月非食品价格同比分别上涨2.5%和2.0%，其中1月涨幅为2011年11月以来的新高。1～2月累计同比上涨2.3%，比上年同期高1.2个百分点；不包括食品和能源的核心CPI累计同比上涨2.0%，比上年同期高0.6个百分点。

非食品价格上涨的主要原因是，随着消费结构的升级，居民对教育娱乐、旅游休闲和医疗保健等新兴消费的需求增长较快，一些领域的供给尚跟不上需求的变化，供求矛盾较为突出。一是医疗保健价格上涨较快。2017年1月、2月，医疗保健价格同比分别上涨5.0%和5.1%，不断刷新20年以来的高点。主要是药品价格放开后快速上涨的影响。自2015年6月药品价格放开后，中、西药价格均明显上涨，2017年1月、2月，西药价格同比分别上涨6.1%和6.3%，涨幅比上年同期扩大3.8个和3.9个百分点；中药价格同比分别上涨5.5%和5.8%，涨幅比上年同期扩大1.4个和1.8个百分点。同时，医疗服务价格受医疗价格改革的影响上涨明显。从36个城市医疗服务价格看，2017年1月注射费、化疗费等价格同比涨幅超过20%，其他医疗服务价格涨幅明显。二是教育、娱乐等需求转型升级也影响价格持续上升。1月、2月教育文化和娱

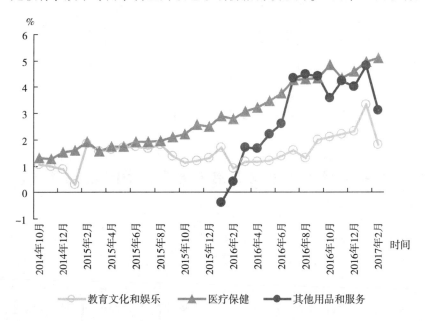

注："其他用品和服务"为2016年基期轮换后新增加的大类，包括从原来的"医疗保健和个人用品""娱乐教育文化用品及服务""家庭设备用品及维修服务"等拆分出来的项目及"养老服务""金融服务"等新增项目。

数据来源：Wind。

图1-29　教育文化和娱乐、医疗保健、其他用品和服务价格当月同比变动情况

乐价格同比分别上涨 3.3% 和 1.8%，涨幅比上年同期扩大 1.6 个和 0.9 个百分点。三是受 2016 年房价快速上升的影响，租赁房房租价格涨幅扩大并拉升居住类价格涨幅。此外，其他用品和服务价格同比涨幅总体呈扩大趋势。

在国际原油价格上升的背景下，国内成品油价格总体上调，受此影响，2017 年 1 月、2 月，交通工具用燃料价格同比分别上涨 16.5% 和 17.6%，涨幅较上年同期均扩大 23.6 个百分点；居住类水电燃料价格同比分别上涨 1.3% 和 1.6%，涨幅较上年同期扩大 2.0 个和 2.6 个百分点。

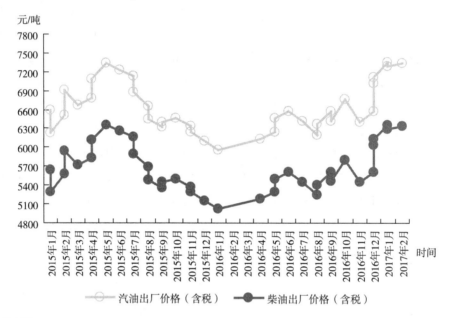

数据来源：Wind。

图 1－30　国内成品油价格变动情况

（四）工业品供需调整及基期因素导致 PPI 涨幅持续扩大

2017 年 1 月、2 月 PPI 同比涨幅较大主因是受上年同期基数较低的影响，在 1 月 6.9% 和 2 月 7.8% 的同比涨幅中，上年价格变动的翘尾因素分别为 6.1 个和 6.4 个百分点，贡献率分别高达 88.4% 和 82.1%。同时，"去产能"及国内外市场需求改善导致工业品供求关系调整，推动部分工业品价格回升；大宗商品价格回升进一步导致上游工业品价格上涨。

1. 工业品供求关系调整推动价格回升

从供给端看，去产能任务继续推进为生产资料价格回升提供支撑。2017 年，去产能继续推进，并向电解铝、水泥等过剩行业扩围。此外，环保督查执行力度加大压制钢厂生产，多地采取措施关停退出"地条钢"等落后产能。2016 年 12 月停止生产 32.5 等级复合硅酸盐水泥动员会召开，2017 年 2 月国务院多部门联合启动水泥、玻璃行业淘汰落后产能专项督查，低端水泥、玻璃产能加速退出，行业供给收缩。2017 年 1~2 月，全国原煤、乙烯、水泥等主要工业品产量分别比上年同期下降 1.7%、6.5% 和 0.4%。

从需求端看，部分工业品的需求持续改善。前期商品房销售旺盛带动房地产开发投资增速回升。随着积极财政政策加力增效、PPP 项目加速落地、重大项目建设加快推进，基建投资增速继续维持相对高位。制造业企业盈利有所改善、民间投资低位回升，部分行业投资有所恢复。此外，国外市场回暖改善出口需求，2017 年 1~2 月工业出口交货值同比显著增长。投资和出口增速回升增加对钢材、建材、化工等产品需求，并影响企业对原材料和燃料的补库存。

总体来看，供需调整推动煤炭、钢铁、水泥等部分工业品价格出现大幅上涨。2017 年 1~2 月，煤炭开采和洗选业、黑色金属矿采选业、有色金属矿采选业价格累计同比分别上涨 39%、25.6% 和 17.2%，涨幅比上年同期扩大 56.7 个、44.2 个和 26.3 个百分点；黑色金属冶炼及压延加工业、有色金属冶炼及压延加工业价格累计同比分别上涨 38.9% 和 18.4%，涨幅比上年同期扩大 56.5 个和 29.8 个百分点。

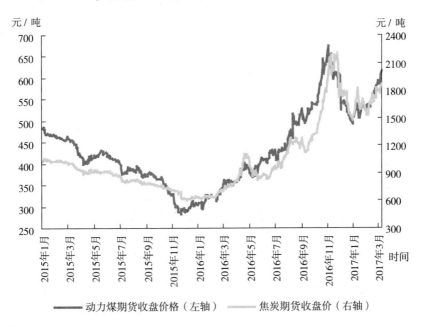

数据来源：Wind。

图 1－31 煤炭价格变动情况

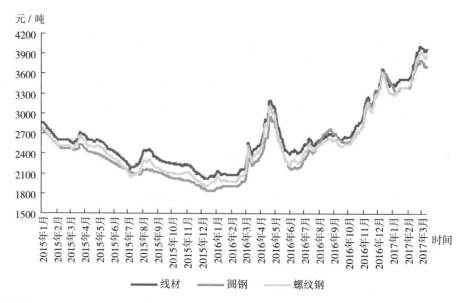

数据来源：Wind。

图 1 – 32　钢铁价格变动情况

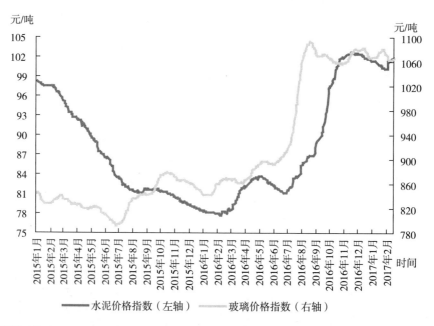

数据来源：Wind。

图 1 – 33　水泥价格指数和玻璃价格指数变动情况

2. 大宗商品价格回升推动 PPI 涨幅扩大

受全球主要经济体经济状况持续好转的影响，2017 年 1 月、2 月，大宗商品价格继续维持相对较高水平。与此同时，OPEC 国家减产协议执行良好，沙特阿拉伯、科威特、安哥拉等国家实现超额减产，国际能源署（IEA）报告显示，自2016年12月主要产油国达成减产六个月协议以来，2017年1月已完成了93%的减产指标。此外，如果全球原油库存无法下降至目标水平，OPEC和非OPEC产油国有望从7月开始延长减产行动期限。受石油供给减少及冻产预期的影响，国际原油价格继续回升，并影响石油和天然气开采、石油加工业价格涨幅扩大。2017年1月、2月，石油和天然气开采业价格同比分别上涨58.5%和85.3%，涨幅比上年同期扩大96.8个和121.4个百分点；石油加工、炼焦及核燃料加工业价格同比分别上涨24.4%和30.5%，涨幅比上年同期扩大37.9个和44.8个百分点。考虑到人民币汇率变化等因素引起的进口产品价格的变化，大宗商品价格上升进一步影响了PPI涨幅。

表1-1　2014年至2017年1~2月分行业PPI累计同比增速高于10%的行业　（%）

时间\行业	2014年	2015年	2016年 1~2月	2016年	2017年 1~2月
石油和天然气开采业	-3.4	-37.3	-37.3	-16.4	70.9
煤炭开采和洗选业	-11.0	-14.7	-17.7	-1.7	39.0
黑色金属冶炼及压延加工业	-6.7	-16.7	-17.6	2.5	38.9
石油加工、炼焦及核燃料加工业	-5.2	-21.5	-13.9	-6.7	27.4
黑色金属矿采选业	-8.8	-20.3	-18.6	-3.5	25.6
有色金属冶炼及压延加工业	-4.4	-8.3	-11.4	-2.0	18.4
有色金属矿采选业	-3.5	-7.1	-9.1	2.3	17.2
化学原料及化学制品制造业	-2.0	-6.7	-6.1	-2.8	10.6
化学纤维制造业	-5.3	-9.4	-9.5	-5.0	10.6

数据来源：Wind。

三、趋势展望

预计总需求仍将呈现平稳态势，价格整体上涨程度有限。猪肉价格和鲜菜价格保持相对稳定，考虑到基期因素，预计食品价格对 CPI 的拉动作用减弱；成本上升及价格改革成为影响 CPI 趋势的重要因素。国内主要工业品短期供应紧张的局面将进一步缓解；受需求上升动力不足以及页岩油替代性不断增强的影响，原油等大宗商品价格的上涨空间有限，输入性通胀压力减缓。预计 2017 年全年 CPI 上涨约 2%，PPI 上涨约 5%。

（一）预计总需求将保持基本平稳态势

1. 先行指标显示经济将延续企稳态势

2017 年 2 月，中采 PMI 为 51.6%，较上月回升 0.3 个百分点，连续 7 个月高于荣枯线。财新 PMI 为 51.7%，较上月回升 0.7 个百分点，出现较大幅回升。中采 PMI 与财新 PMI 短期趋同，均显示经济出现企稳迹象。从中采 PMI 各分项指标看，2 月制造业供需两端均出现好转。在供给端，生产指数为 53.7%，较上月回升 0.6 个百分点，制造业生产持续向好，与近期企业盈利改善有关。在需求端，新订单指数和新出口订单指数分别为 53% 和 50.8%，较上月分别回升 0.2 个和 0.5 个百分点，反映内需与外需同步好转。供需两端不同程度改善，表明制造业出现企稳迹象。从库存状况看，2 月原材料库存为 48.6%，较上月回升 0.6 个百分点，产成品库存为 47.6%，较上月大幅回升 2.6 个百分点，两指数均处于收缩区间，表示企业去库存格局并没有改变。企业生产经营活动预期指数为 60%，较上月大幅回升 1.5 个百分点，表明企业生产经营预期持续提高。

2 月非制造业商务活动 PMI 为 54.2%，较上月下降 0.4 个百分点，延续了自2015年初以来的波动态势，显示结构调整持续深化。其中，建筑业指数为60.1%，较上月大幅下滑1个百分点，项目开工出现减缓；服务业指数为53.2%，较上月回落0.3个百分点，显示结构调整仍在继续。

此外，2017年1月铁路货运量同比增长10.4%，1~2月工业用电量同比增长6.9%，均延续了2016年下半年的回暖态势。

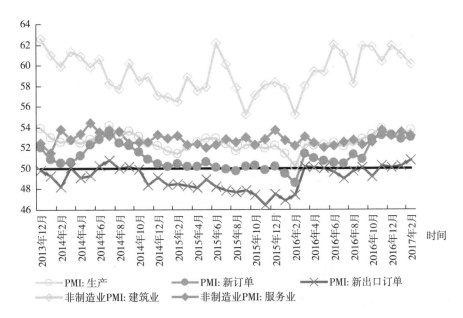

数据来源：Wind。

图1-34 中采PMI主要分项指标变动情况

2. 总需求有望保持相对稳定

（1）固定资产投资增速或将缓中趋稳

房地产投资增速将逐步稳定。2017年政府工作报告中提出，为加强房地产市场分类调控，房价上涨压力大的城市要合理增加住宅用地。未来一二线城市土地供应可能有所增加，有利于促进一二线城市房地产开发投资增长。同时，受因地制宜、分城施策的调控措施影响，部分三四线城市房地产销售呈现回暖迹象，并进一步向投资端传导。1~2月，土地购置面积累计同比上涨6.2%，由负转正；房屋新开工面积累计上涨10.4%，增速大幅提高，预示房地产开发投资可能增加。

需要注意的是，近期一二线城市限购政策导致需求外溢，带动周边三四线城市购房需求上涨，房价过快上涨，部分三四线热点城市量价也升温，致使2016年9月30日调控政策出台之后的又一轮房地产调控开启，2017年2月28日至3月18日已经有17个城市出台限购或者限购升级措施。这可能抑制房地产需求过快上涨，引导房地产投资趋于合理增长。此外，大部分三四线城市房地产库存仍然较多，消化现有库存仍是主基调，也将对房地产企业投资增长有所抑制。总体来看，年内房地产投资增速或将逐步回稳。

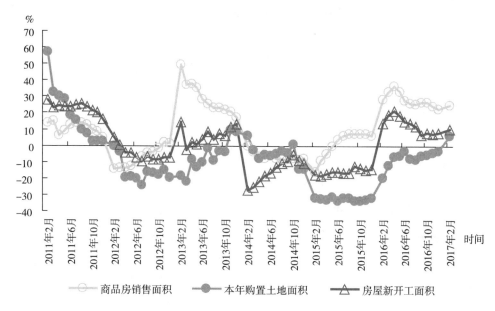

数据来源：Wind。

图 1-35　商品房销售面积、本年购置土地面积以及房屋新开工面积情况

基建投资仍将维持较高增速。为实现引导资金投向补短板、调结构、促创新、惠民生的领域，政府工作报告规划 2017 年完成铁路建设投资 8000 亿元、公路水运投资 1.8 万亿元，再开工 15 项重大水利工程，继续加强轨道交通、民用航空、电信基础设施等重大项目建设。从资金来源看，基建投资增速维持高位具有一定支撑。一是 PPP 项目落地率加速上升，落地周期明显缩短，根据财政部 PPP 中心公布数据，2016 年底，已经签约落地项目 1351 个，总投资达 2.2 万亿元。此外，2017 年 3 月，上交所受理两单 PPP 项目资产支持证券化，PPP 撬动社会资本投资基建的能力进一步提升。二是专项建设基金持续推进，第七批专项建设基金已下达地方，额度超过 2000 亿元，以项目资本金、股权投资等方式支持重点项目建设。

但一些因素将对基建投资维持持续过高增速形成约束。一是财政预算收支的约束。近年来财政收入增速不断放缓，2016 年全国一般公共预算收入为 15.9 万亿元，实际增速为 4.5%，增速持续下降，而全国一般公共预算支出保持在 18.7 万亿元，财政收支矛盾依然存在。2017 年政府工作报告明确赤字率为 3%，而支持企业减税降费力度进一步加大，财政在收入端将面临压力，在支出刚性增长趋势下，财政收支矛盾或将更加突出。二是发展改革委调整专项建设债发行方案，由中央财政贴息 90% 调整为分档贴息，可能会影响部分政策项目的积极性。三是地方政府债务不断攀升、地方政府融资平台监管趋严或将对地方政府融资能力形成制约，影响地方政府基建投资融资资金来源。

制造业投资或将继续回稳。制造业投资增速经历多年持续回落后，已开始呈现持续回稳迹象。一是工业企业利润改善。随着大宗商品价格和PPI的持续回升，以及内外部需求逐步改善，工业企业利润增速将持续修复，投资能力回升，有利于促进制造业投资的增长。二是企业税费成本将持续下降。2017年政府工作报告明确指出，将多措并举进一步减税降费，全年再减少企业税负3500亿元左右、涉企收费2000亿元，持续降低制造业企业经营负担。三是民间投资环境的改善。制造业中大多为民营企业，近期为促进民间投资增长，党中央、国务院出台了一系列的政策措施，包括加大"放管服"的改革，同时还加大了对民间投资的督导检查，这些政策措施的促进效应在不断显现，有利于制造业民间投资的企稳回升。四是高端制造业市场快速发展。随着《中国制造2025》的深入实施，大数据、云计算、物联网、人工智能、机器人等高端制造业发展速度加快，相关领域投资进一步增加，有效缓冲传统制造业投资增速的下滑。然而，制造业总体需求不足、产能过剩的矛盾短期内难以根本扭转，企业成本高、制造业投资外流的问题依然突出，这些因素将对制造业投资增速回升空间形成制约。

从整体来看，在房地产投资低速企稳和基建投资维持高速的状况下，固定资产投资近期可能缓中趋稳，甚至略有回升，但固定资产投资过度依赖这两类投资存在很大的隐忧，可持续性不强。此外，从固定资产投资资金来源变化看，2017年前两个月，固定资产投资资金来源名义同比下滑8%，与投资名义增速之间拉开了超过15个百分点的差距，未来固定资产投资增速仍然存在很大的不确定性。

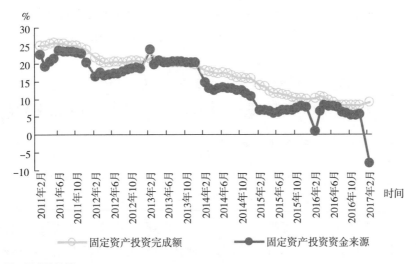

数据来源：国家统计局。

图1-36 固定资产投资完成额与固定资产投资资金来源增速走势

（2）消费增长仍将维持相对稳定态势

从有利因素看，一是服务消费快速发展。随着新一轮服务业综合改革试点的开展，旅游、文化、体育、健康、养老、教育培训等领域的消费需求快速增加，增长潜力巨大。二是以共享经济与网上零售为代表的新型消费模式迅速发展，刺激消费需求上升，或为消费增长提供新的动力。

从不利因素看，一是居民可支配收入下滑趋势对消费形成拖累。2016 年城镇居民人均可支配收入同比增长 7.8%，较上年降低 0.4 个百分点；实际同比增长 5.6%，较上年降低 1 个百分点，低于同期 GDP 增速 1.1 个百分点。二是尽管房地产销量触底回稳短期将刺激家具、家电、建筑装潢类等消费上升，但前期房价的大幅上涨及居民部门加杠杆对未来居民消费形成一定的挤出效应，并且房价的持续攀升及居民加杠杆导致的消费下滑的负面影响可能是长久的。三是汽车消费增速可能放缓。2017 年起 1.6 升及以下排量的乘用车购置税开始执行 7.5% 的购置税税率。考虑到 2016 年受小排量汽车购置税减半优惠政策、商家促销力度较大、消费者为赶上优惠政策的末班车选择提前购车等因素的影响，2017 年汽车销售增速放缓，1~2 月汽车类销售下降 1%，出现多年来首次负增长。

（3）出口可能有边际改善

从先行指标看，2 月份，中国外贸出口先导指数、出口经理人指数分别为 40.2、41.6，较上个月分别回升 1.2、0.1，均连续 4 个月保持增长，显示了出口可能持续改善的迹象。

国际经济形势有利于出口改善。一是世界经济将延续温和低速增长态势。根据 IMF 2017 年 1 月预测，全球经济 2017 年增长 3.4%，比 2016 年回升 0.3 个百分点。主要发达国家经济持续改善，美国、欧盟、日本等主要发达经济体呈现持续复苏迹象，为我国出口形势逐步回稳提供支撑。二是伴随"一带一路"倡议加快落实，国际产能合作、对外经贸合作力度加大，对外投资大幅增长有望带动部分商品出口。也要看到，全球经济和贸易发展存在很大的不确定性，反全球化、贸易保护主义、孤立主义和民粹主义盛行等因素的影响在 2017 年可能进一步显现，制约出口在 2017 年的改善程度。

3. 宏观政策有利于经济稳增长、防风险

目前，我国发展仍处在爬坡过坎的关键阶段，经济运行存在不少突出矛盾和问题。我国在 2017 年继续实施积极的财政政策和稳健中性的货币政策。财政政策将更加积极有效，进一步实现减税降费，提高市场主体的切身感受，提高财政政策在教育、医疗和农业等领域的支持力度。货币政策将保持稳健中性，着力为供给侧结构性改革提供有利的货币环境，防范去产能、去杠杆过程中滋生的金融风险；将综合运用货币政策工具，疏通传导机制，促进金融资源更多流向实体经济，特别是支持"三农"和小微企业。总的来看，积极的财政政策和稳健中性的货币政策在区间调控基础上加强定向调控、相机调控，但不会对经济形成强刺激，有助于稳定总需求。

（二）食品价格对 CPI 的拉升作用可能减弱

1. 预计猪肉价格保持相对稳定，同比涨幅回落

受养殖业标准的提高和超预期的环保标准影响，本轮猪周期波动有所延长。根据中国畜牧业协会预测，猪肉产能已于 2016 年整体进入上行区间。从具体数据看，2016 年初生猪存栏量开始持续扩张，能繁母猪存栏量下滑趋缓，供给扩张对 2017 年猪肉价格形成抑制。虽然 2016 年末生猪存栏量再次出现下滑，但与季节性消费旺季和养殖户补栏积极性不高有关。需要注意的是，猪肉价格出现大幅下滑的可能性也不大，价格水平总体仍将处于高位。节后猪肉价格需求较弱以及对猪周期下行预期的影响，市场普遍存在观望情绪，影响了猪肉产能的恢复。从目前情况看，节后生猪存栏量持续下跌，补栏速度仍较为缓慢，作为先导指标的能繁母猪存栏量仍处于低位，表明未来一年的生猪供给仍将有限，供给端相对不足将对价格回落产生一定支撑。总体来看，猪肉价格可能保持相对稳定，考虑到 2016 年 1～6 月猪肉价格相对较高，高基数效应将导致猪肉价格同比涨幅回落。

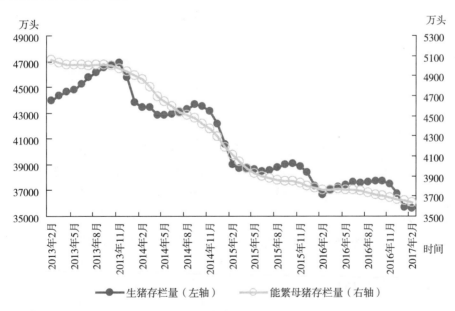

数据来源：Wind。

图 1-37　生猪存栏量和能繁母猪存栏量变化情况

2. 鲜菜价格有望回落，同比涨幅保持低位

鲜菜价格走势具有较强的季节性特点，一般春节后至初夏期间，气温将逐渐回升，鲜菜进入传统生产季节，环比价格将连续回落。高频数据显示，截至 2017 年 3 月 19 日，寿光蔬菜价格指数平均比 2 月下跌 14.4%，后期继续下行的可能性较大。2016 年 3~5 月鲜菜价格相对较高，考虑到基数效应，近期鲜菜价格同比增速或将保持低位。需要注意的是，鲜菜价格主要受天气等因素影响，未来仍存在一定的不确定性。

此外，居民收入增速放缓以及饲料、化肥等生产资料价格涨幅低于食品价格涨幅等因素，也在一定程度上将抑制食品价格上涨的动力。而食用油、奶类等其他食品价格波幅往往较小，难以拉动整个食品大项的价格上涨。综合来看，不考虑极端天气的冲击，预计食品价格同比涨幅短期内将保持低位波动，对 CPI 的拉动作用可能有所减弱。

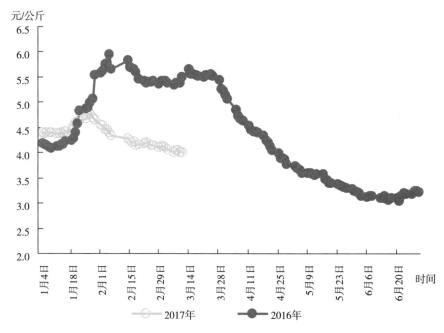

数据来源：Wind。

图 1 - 38　农业部 28 种重点监测蔬菜平均批发价格指数变化情况

3. 粮食价格将相对稳定

目前，国际粮食高产量、高库存格局基本不变。根据美国农业部数据，2014~2017 年度，全球小麦已连续四年增长，库存消费比达 24.7%，显著高于国际公认的 17% 的安全线水平，库存高企对国际粮价产生持续压力。考虑到 2016 年国际粮价总体呈小幅振荡下行走势，并处于较低位，预计 2017 年价格将止跌回稳。

我国粮食库存消费比居高不下，整体处于产能过剩局面，综合考虑农业供给侧改革和农产品价格市场化的影响，国内粮价通常高于国际粮价水平，以及未来粮食进口的逐步放开，年内粮食价格仍将相对平稳，对食品价格影响不大。

（三）成本上升及价格改革成为影响 CPI 走势的重要因素

1. 成本因素助推非食品价格上涨

从短期因素看，自 2016 年以来，各地普遍上调最低工资和社保标准，随着 2017 年部分地区最低工资和社保标准的继续上调，企业用工成本将有所增加。租金成本方面，2 月，居住价格环比上涨 0.4%，呈持续上涨态势。虽然 2017 年房地产市场可能出现降温，但房租变化会滞后房价一年左右时间，未来租金价格与房价上涨不同步的局面可能发生改变。同时，随着居民住房观念的逐步转变，加之节后进入住房租赁市场的旺季，租金价格将会上涨，并进一步带动用工成本和价格水平的上涨。从长期来看，我国农村可供转移的剩余劳动力持续减少，根据国家统计局数据，2016 年全国劳动年龄人口比上一年减少了 349 万人，劳动力总量连续 5 年呈绝对下降态势，劳动力成本攀升。在过去的几年，经济下行对冲了部分劳动力成本上升对价格的影响，但随着经济出现回暖迹象，企业劳动力的需求上升，用工成本对价格的助推作用未来将逐步显现。

2. 价格改革影响服务价格水平

截至 2017 年 2 月，非制造业 PMI 中服务业销售价格指数已经连续 7 个月处于荣枯线以上，显示服务价格仍存在继续上涨动力。2017 年年初国家发展改革委提出全面推进电力、医疗、交通运输等 7 项价格改革任务，服务领域的价格改革将继续深化。随着改革的深入推进，在更加市场化定价机制下，价格的灵活性进一步提高，以服务为代表的部分领域价格水平也将继续出现上涨。2017 年，医疗改革对服务价格仍将产生重要影响，在医改政策的持续发酵下，挂号费、门诊费等上涨成为大概率事件，但考虑到医疗服务价格上涨将会以居民承受能力为前提，涨幅不会过大，但可能提高服务价格。

3. 工业品价格向居民消费价格传导的程度有限

上游产品价格对下游产品价格的传导有限。 近期 PPI 上涨主要受上游产品供求调整的影响，在总需求改善有限的情况下，中下游工业产品的需求没有明显增强，上游产品价格向中下游产品传导可能有限。工业利润变化显示，2016 年采掘业等处于上游的行业利润大幅改善，而处于中游的水电气行业利润增速已经下滑至负区间，2016 年电力、热力、燃气及水的生产和供应利润总额累计同比下滑 14.3% 。在需求相对稳定的情况下，这表明上游产品价格上涨推动中下游价格上涨的程度有限。

我国 PPI 与 CPI 之间的传导关系较弱。近期我国 PPI 中的生产资料涨幅较高，而生活资料涨幅相对较低，2017 年 1~2 月累计同比涨幅分别为 9.7% 和 0.8% 。PPI 对 CPI 的传导主要分为食品端和非食品端两个渠道。非食品端传导，主要是通过上游的有色、钢铁向家用电器、服装等传导，由于居民可支配收入增长乏力，加上消费扩张动力不足，对非食品的传导有限。食品端的传导主要是农产品的生产成本。在三大主粮生产成本中，近 30% 来自化肥、农药为代表的物质成本，而农药化肥行业过去几年产能过剩严重，化肥农药开工利用率只有 60% 左右，因此这次上游成本变化对食品价格的影响并不大。总体来看，在居民收入放缓、消费需求较弱的背景下，部分行业工业品价格上涨传导、推动 CPI 上涨的程度十分有限。

当然，如果输入性通胀压力加大，进口价格上升很快，也会对中下游产品价格产生较大影响。特别是，如果通胀预期增强，也会使上游产品价格对中下游产品价格的传导作用增强。

（四）PPI 同比涨幅可能呈现回落态势

1. 国内供需调整仍将影响工业品价格，但上升动能不足

需求端可能相对放缓。一是基建投资受财政资金约束影响，在第一季度大幅回升的基础上，增速持续上升的可能性较小。2017 年年初房地产投资增速回升虽然超预期，但近期多个城市出台限购政策或者升级限购政策，本轮房地产投资大幅上涨的可能性较小，增速趋稳的可能性较大。二是在汽车优惠政策到期等政策的影响下，对相关工业品需求将有所下降。总体来看，虽然国内宏观经济指标短期出现回暖迹象，但以房地产投资、基建投资为主的投资对工业品需求进一步增长的动力不足，预计需求端对工业品价格的拉升动力将减弱。

供给端支撑工业品价格上涨的动力不足。一是多种工业品库存持续处于高位，钢铁社会库存较 2016 年快速回升，钢铁 Myspic 综合钢价指数自 2 月末开始持续回落；铁矿石港口库存处于历史高位，且近三个月库存量持续攀升，中国铁矿石价格指数 CIOPI 也出现大幅回落。二是行业产能开始恢复。2016 年大多上游行业利润总额出现反弹，其中煤炭开采和洗选业，石油加工、炼焦及核燃料加工业，黑色金属冶炼及压延加工业利润涨幅分别高达 148% 、184% 和 216% ，高额利润将使行业扩大产品生产和供给。三是部分限产政策的放开。近期国家发展改革委提出，2017 年将没有必要大范围实施煤炭减量化生产措施，先进产能煤矿或生产特殊紧缺煤种的煤矿原则上不实施减量化

生产措施，276个工作日限制将有所放松，部分企业将延续330个工作日的生产。随着煤炭供给增长，煤价逐步回落到合理水平。总体来看，供给端对国内工业品价格的支撑作用将逐渐减弱。

2. 国际大宗商品价格仍将呈现振荡态势

经济回暖和政策效应将对国际大宗商品需求形成支撑。一是OECD近期公布的综合领先指数已连续7个月回升，美国、欧洲、日本等经济体经济复苏势头明显，全球经济改善对未来大宗商品需求有所提振。二是在政策层面，各国均强调财政政策和基础设施建设的重要性，如果未来政策能够充分兑现，随着基础设施建设的相继实施，将加大对国际大宗商品的需求，并对价格形成支撑。但需要注意的是，未来政策仍存在较大的不确定性，减税和基建政策实施能否达到预期，将直接影响国际大宗商品需求对价格的拉动效果。

但国际大宗商品价格大幅上涨的可能性较小。从原油来看，虽然OPEC和非OPEC产油国已相继兑现和执行了减产协议，但美国页岩油生产商对油价上涨迅速反应，将抑制石油价格上涨。近期美国原油产能加速恢复，截至3月8日，美国原油产量达到908.8万桶/日，创出近13个月的新高，比年初增加了31.8万桶，呈稳定增长态势。与此同时，美国原油库存持续增加，截至3月3日，原油库存较年初增加了3760万桶，创出了12.23亿桶的历史新高，其中商业用油库存达到5.28亿桶的历史新高。同时，近期沙特阿拉伯石油官员明确表示延长减产协议有较大不确定性，以避免美国等部分非OPEC国家趁机"搭便车"，如果按原减产协议，6个月期限后将不再延长期限，则届时国际原油供给将再次加大，并进一步抑制油价上涨。铁矿石、国际铜和铝等大宗商品价格目前维持高位，进一步上涨的动力不足。此外，美联储加息及美元走强等因素也将对国际大宗商品形成一定压制，国际大宗商品价格总体仍将呈振荡格局。

综上所述，尽管近期PPI同比涨幅升势较猛，但我国工业品产能总体过剩状况仍然存在，部分工业品短期供给紧张的局面也会逐步缓解，国际大宗商品价格上涨带来的输入性通胀压力可能减弱，未来工业品价格持续上涨的动能不足。考虑到基数效应，PPI同比涨幅在未来几个月可能逐步回落。

（五）价格变动趋势预测

1. 预计2017年全年CPI涨幅为2%左右

基于以上分析，考虑到价格改革的影响，2017年全年CPI涨幅为2%左右，上半年较低，下半年较高，月度同比涨幅波动性可能较高。

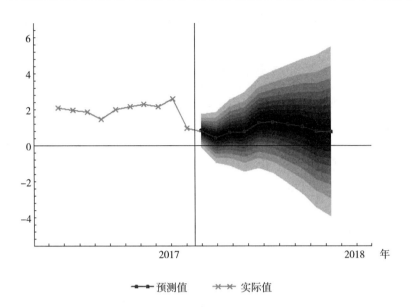

数据来源：2017 年 2 月及之前数据来源于国家统计局，3 月及之后的数据为预测值。

图 1 – 39　CPI 同比涨幅预测

2. 预计 2017 年全年 PPI 涨幅为 5% 左右

基于以上分析，考虑到基期因素，2017 年第一季度 PPI 可能继续保持较快上涨势头，之后逐步回落。预计 2017 年全年 PPI 涨幅为 5% 左右，呈前高后低态势。

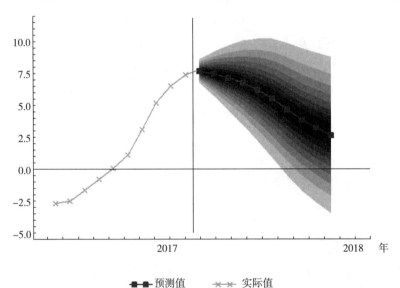

数据来源：2017 年 2 月及之前数据来源于国家统计局，3 月及之后的数据为作者预测。

图 1 – 40　PPI 同比涨幅预测

第二部分
2017年第二季度价格监测分析

主要观点和结论

3月以来，价格涨势总体趋于温和。食品价格降幅逐渐收窄，非食品价格涨幅保持相对高位，CPI同比涨幅有所回升。PPI环比涨幅重回负值区间，同比涨幅继续回落。国际油价波动走低，大宗商品价格多数下行。主要城市新建住宅价格趋稳，股票价格有所下行，债券价格大幅下跌。

从总量上看，总需求相对稳定有助于价格总体平稳。从结构性因素看，猪周期下行及农产品供应充足等原因导致食品价格连续下跌，但菜价等趋稳以及基期因素影响食品价格跌幅收窄，并推动CPI涨幅低位回升。价格改革、消费升级以及上游价格传导等因素驱动非食品价格保持较高涨幅。大宗商品价格下跌及工业品供需调整影响PPI环比由正转负，同比涨幅持续回落。

年内总需求存在小幅下滑压力，对价格的推动作用有所减弱。受供给调整及季节性因素的影响，猪肉价格、鲜菜价格有可能回升，食品价格对CPI的拖累作用将逐步减弱。价格改革、成本因素及消费升级仍将影响非食品价格上行，但其他推动非食品价格上涨的因素的作用有所减弱，预计非食品价格增速保持相对稳定。受供需调整及库存周期转向的影响，国内部分工业品价格存在下行压力。原油等大宗商品价格仍可能呈振荡格局。预计2017年全年CPI上涨约1.8%，PPI上涨约4.5%。

（本部分完成于2017年6月27日）

一、价格形势

3 月以来，价格涨势总体趋于温和。食品价格降幅逐渐收窄，非食品价格涨幅保持相对高位，CPI 同比涨幅有所回升。PPI 环比涨幅重回负值区间，同比涨幅继续回落。国际油价波动走低，大宗商品价格多数下行。主要城市新建住宅价格企稳，股票价格有所下行，债券价格大幅下跌。

（一）价格涨势总体趋于温和

1. 居民消费价格涨幅有所回升

CPI 同比涨幅温和回升。2017 年 1 月，CPI 同比上涨 2.5%，达到 2014 年 6 月以来高点，2 月又大幅回落至 2015 年 2 月以来低点。3 月以来，CPI 涨幅温和回升，5 月 CPI 同比上涨 1.5%，涨幅比上个月扩大 0.3 个百分点。其中，剔除食品和能源的核心 CPI 同比涨幅总体呈现波动上升态势，5 月为 2.1%，涨幅与上个月持平，为 2011 年 11 月以来次高。

食品价格降幅有所收窄。2 月以来食品价格涨幅落入负值区间。4 月以来，食品价格降幅明显收窄，5 月食品价格同比下降 1.6%，较上个月收窄 1.9 个百分点。食品价格降幅收窄主要是受鲜菜价格降幅缩小和鲜果、水产品价格涨幅扩大的影响。鲜菜价格涨幅于 2 月进入负值区间，3 月达到 -27.9% 的近期低点，4 月、5 月连续回升，5 月为 -6.3%，降幅比上个月大幅收窄 15.3 个百分点。鲜果价格涨幅自 3 月以来不断扩大，5 月达到 11.8%，较上个月扩大 5.9 个百分点。水产品价格涨幅也有所扩大，由 2 月的 2.2% 逐渐扩大到 5 月的 6.9%。畜肉类价格降幅继续加深，5 月同比下降 7.8%，降幅较上个月扩大 3.2 个百分点，降幅已连续 3 个月扩大。猪肉价格持续下跌是畜肉类价格降幅加深的主要原因，5 月猪肉价格同比下跌

12.8%，跌幅较上个月加深4.7个百分点。蛋价格涨幅于2月达到－14.9%的低点后，虽略有回升，但处于相对低点，5月为－14.4%。粮食、食用油、奶等其他食品价格走势基本稳定。

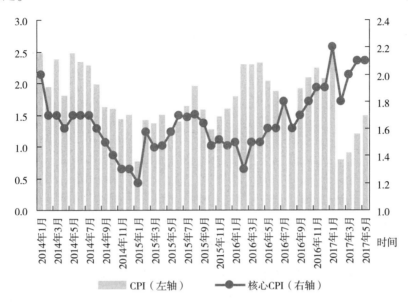

数据来源：国家统计局。

图2－1　CPI同比上涨情况

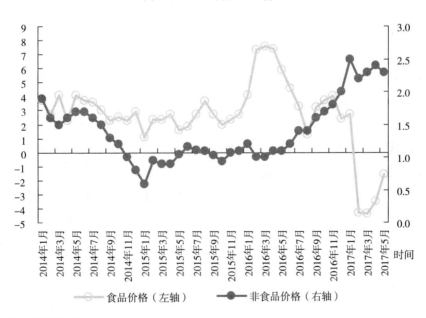

数据来源：国家统计局。

图2－2　食品价格和非食品价格同比上涨情况

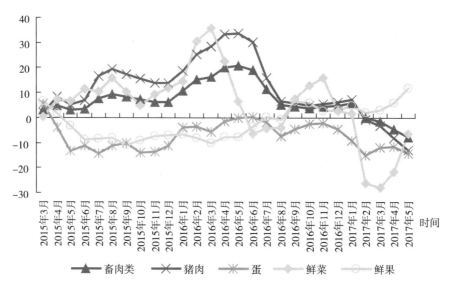

数据来源：国家统计局。

图 2 - 3　部分食品价格变化情况

非食品价格涨幅保持相对高位。2017 年 1 月，非食品价格同比上涨 2.5%，达到 2011 年 11 月以来高点，此后涨幅略有回落，但仍保持在 2.3% 左右的相对高位，5 月涨幅为 2.3%，较上个月回落 0.1 个百分点。其中，医疗保健、教育文化和娱乐、生活用品及服务价格涨幅总体扩大，医疗保健价格涨幅由 2 月的 5.1% 扩大到 5 月的 5.9%；教育文化和娱乐价格涨幅由 2 月的 1.8% 扩大到 4 月的 2.6%，5 月继续持平于 2.6%；生活用品及服务价格涨幅由 2 月的 0.5% 逐月扩大至 5 月的 1.0%。其他用品和服务价格涨幅在 2.9% ~3.4% 的区间内波动，衣着、居住价格涨幅保持基本稳定。交通和通信价格涨幅先扩大后回落，由 2 月的 1.7% 扩大到 3 月的 2.0%，再逐月回落至 5 月的 1.1%。

翘尾因素上升较为明显，新涨价因素基本稳定。5 月，翘尾因素为 1%，较上个月上升 0.4 个百分点，已连续 3 个月扩大；新涨价因素为 0.5%，较上个月回落 0.1 个百分点，连续 3 个月保持在 0.5% 左右的水平上。从对 CPI 同比涨幅的贡献度看，翘尾因素的贡献度由 3 月的 44.4% 提高到 5 月的 66.7%，新涨价因素的贡献度由 3 月的 55.6% 下降到 5 月的 33.3%。

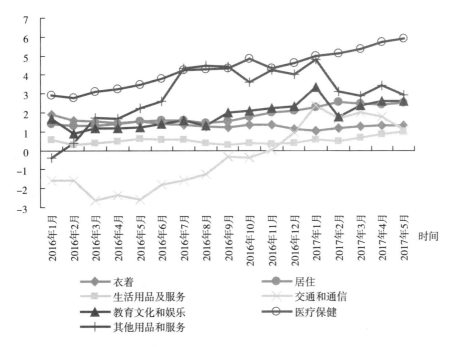

数据来源：国家统计局。

图 2 - 4　主要非食品价格变化情况

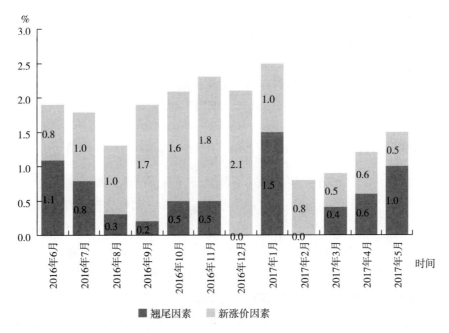

数据来源：国家统计局。

图 2 - 5　翘尾因素和新涨价因素

CPI 环比涨幅连续 4 个月高于历史同期平均水平。2 月后，CPI 环比涨幅连续高于历史同期平均水平，5 月 CPI 环比下降 0.1%，比历史同期均值高出 0.1 个百分点。其中，食品价格环比下降 0.7%，比历史同期均值高出 0.1 个百分点；非食品价格降幅为零，与历史同期均值持平。

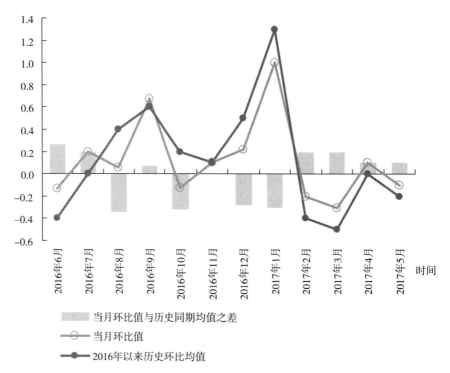

数据来源：国家统计局。

注：2017 年 1 月、2 月对应的历史同期环比均值分别为春节所在月份和春节后一个月均值。

图 2 – 6　CPI 环比与历史环比均值比较

2. 工业生产者价格涨幅继续回落

PPI 自 2016 年 9 月起结束连续 54 个月同比下降后，同比涨幅持续扩大至 2017 年 2 月的 7.8%，此后开始回落。5 月，PPI 同比上涨 5.5%，涨幅比上个月回落 0.9 个百分点。其中，生产资料价格同比上涨 7.3%，涨幅比上个月回落 1.1 个百分点；生活资料价格同比上涨 0.6%，涨幅比上个月回落 0.1 个百分点。PPI 环比涨幅于 2016 年 12 月达到 1.6% 的高点后，涨幅不断回落，2017 年 4 月再次出现为负（ – 0.4%）情形，5 月缩小至 – 0.3%。在翘尾因素回落的同时，PPI 环比涨幅为负带动新涨价因素有所回落。5 月，翘尾因素约为 4.5%，比上个月回落 0.6 个百分点；新涨价因素约为 1.0%，比上个月回落 0.3 个百分点。

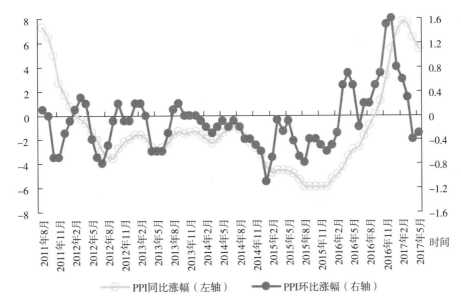

数据来源：国家统计局。

图2-7　工业生产者出厂价格走势

3. 企业商品价格涨幅不断回落

中国人民银行监测的企业商品价格（CGPI）同比自2016年9月实现由负转正以来，涨幅不断扩大至2017年2月的9.3%，此后不断回落。5月，CGPI同比上涨6.2%，

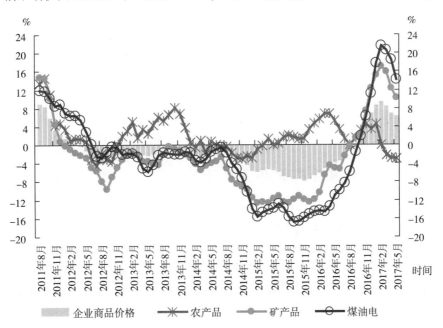

数据来源：中国人民银行。

图2-8　企业商品价格走势

涨幅比上个月回落 0.6 个百分点。其中，农产品价格下降 3.0%，降幅比上个月扩大 0.2 个百分点；矿产品价格上涨 10.2%，涨幅比上个月回落 2.0 个百分点；煤油电价格上涨 14.2%，涨幅比上个月回落 4.4 个百分点。

4. 出口价格涨幅总体回升，进口价格涨幅略有回落

自 2016 年 10 月以来，出口价格涨幅总体呈现回升态势，2 月达到 6.7%，3 月虽回落至 4.5%，但 4 月再次扩大为 6.9%，达到 2012 年 2 月以来最高点。进口价格涨幅于 2 月达到 13.9% 的高点后，高位略有回落，4 月同比上涨 13.5%，涨幅较上个月回落 0.1 个百分点。

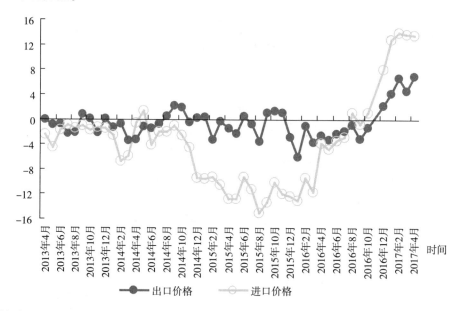

数据来源：海关总署。

图 2 - 9　进出口价格走势

（二）国际大宗商品价格多数下跌

1. CRB 商品价格指数振荡下行

2017 年 3 月以来，CRB 商品价格指数波动有所加剧，但总体仍延续了 1 月中旬以来的下行态势。6 月 12 日，RJ/CRB 商品价格指数为 175.93，较 3 月初下降 15.33，跌幅达 8%。

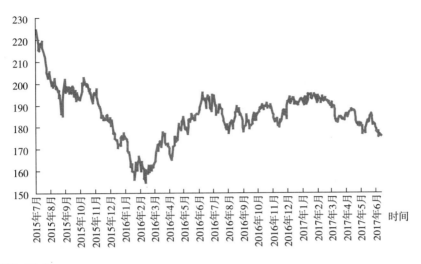

数据来源：Wind。

图 2-10 RJ/CRB 商品价格指数走势

2. 国际原油价格波动走低

2017 年 3 月以来，国际原油价格先后出现了两次较为明显的反弹，但总体呈现走低态势。6 月 12 日布伦特原油期货价格和 WTI 原油期货价格分别收于每桶 48.29 美元和 46.08 美元，较 3 月初分别下跌 14.3% 和 13.4%。

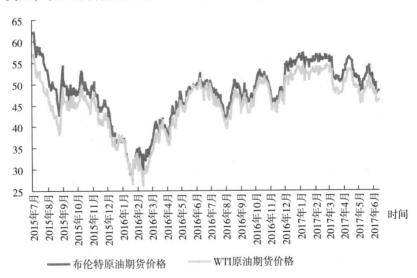

—— 布伦特原油期货价格 —— WTI原油期货价格

数据来源：Wind。

图 2-11 国际原油期货价格走势

3. 铁矿石价格大幅下跌

2017 年 3 月以来，铁矿石价格延续了 2 月下旬以来的下跌走势。6 月 12 日，普氏铁矿石价格指数（62%Fe：CFR 中国北方）达到 55.25 美元/干吨，较 3 月初下跌 36.3 美元，跌幅达 39.7%。

数据来源：Wind。

图 2–12　铁矿石价格走势

4. 主要有色金属价格振荡有所下跌

国际铜和铝价格先后于 2 月中旬和 3 月末结束此前的上涨行情，转为振荡下跌态势。6 月 12 日，LME 铜和铝价格分别为每吨 5743.0 美元和 1879.5 美元，较 3 月初分别下跌 4.3% 和 3.2%。

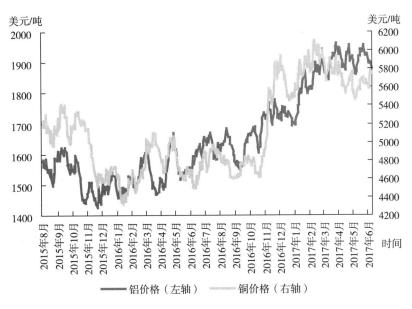

数据来源：Wind。

图 2 – 13 LME 铜和铝价格走势

5. 主要农产品价格涨跌各异

2017 年 3 月以来，CBOT 大豆期货延续了 1 月中旬以来总体不断走低的行情；玉米和小麦期货均维持 2 月中旬以来盘整态势；稻米期货经历了一轮涨跌走势后，再次较

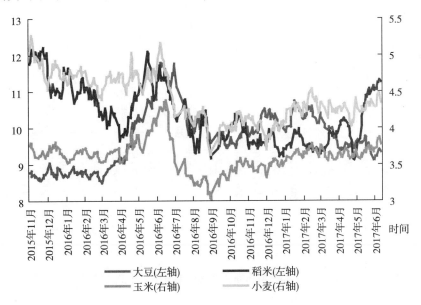

数据来源：CEIC。

注：图中大豆、玉米、小麦价格单位为美元/蒲式耳，稻米价格单位为美元/英担。

图 2 – 14 CBOT 粮食价格走势

快上涨。6 月 12 日，CBOT 大豆期货价格较 3 月初下跌 10.4%，玉米、小麦期货价格分别较 3 月初上涨 0.3% 和 -0.2%，稻米期货价格较 3 月初上涨 21.2%。

（三）资产价格总体走低

1. 主要城市新建商品住宅价格趋稳

从新建商品住宅价格看，5 月，北京、广州环比涨幅分别为 0、0.9%，涨幅分别比上个月回落 0.2 个、0.5 个百分点；上海环比降幅为零，降幅比上个月缩小 0.2 个百分点；深圳环比下跌 0.6%，跌幅比上个月加深 0.6 个百分点。二线城市中的南京、杭州、合肥分别环比下跌 0.2%、0.3%、0.2%，其中南京跌幅比上个月缩小 0.1 个百分点，杭州、合肥跌幅比上个月分别加深 0.3 个、0.1 个百分点；武汉环比上涨 0.2%，涨幅比上个月回落 0.2 个百分点。

从二手住宅价格看，5 月，北京环比下跌 0.9%，跌幅比上个月加深 0.9 个百分点；上海、广州、深圳环比涨幅分别为 0、0.5%、0.3%，涨幅比上个月分别回落 0.8 个、0.5 个、0.5 个百分点。南京、合肥环比跌幅分别为 0、0.1%，跌幅比上个月分别缩小 0.2 个、0.1 个百分点；杭州、武汉环比分别上涨 0.8%、1.0%，其中杭州涨幅比上个月扩大 0.1 个百分点，武汉涨幅比上个月回落 0.1 个百分点。

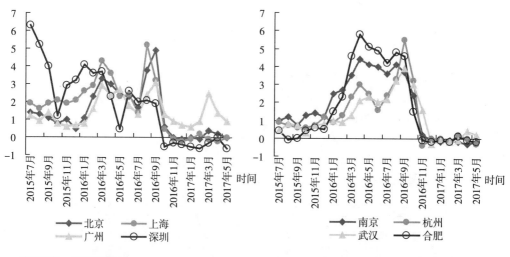

数据来源：国家统计局。

图 2-15　部分城市新建商品住宅价格环比变化情况

2. 股票价格有所下行

2017 年 3 月以来，股票价格延续了年初以来的回升走势，4 月 11 日收盘价达到高点后开始有所回调。6月12日，上证综合指数收于3139.88点，较3月初下跌3.3%，较4月11日下跌4.5%；上交所平均市盈率为16.66倍，较3月初下降1.4%，较4月11日下降3.5%。

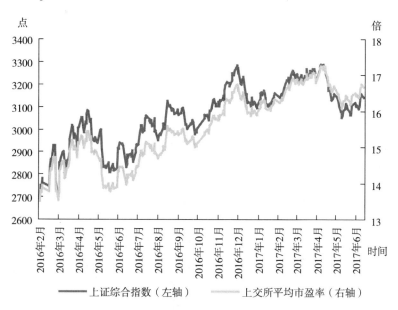

数据来源：Wind。

图 2 - 16　上证综合指数和上交所平均市盈率走势

3. 中债指数继续走低，债券收益率显著上行

2017年3月以来，中债总净价指数和中债国债总净价指数继续振荡走低，6月12日

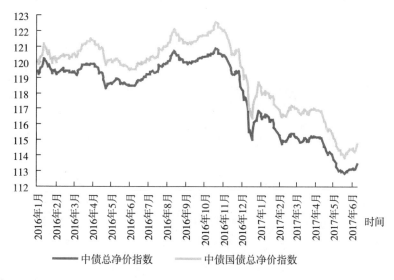

数据来源：Wind。

图 2 - 17　中债指数走势

分别收于 113. 45 点和 114. 72 点，较 3 月初分别下跌 1. 6% 和 2. 0%。与此同时，债券收益率显著上行，6 月 12 日，不考虑隔夜收益率，国债、政策金融债、企业债（AAA）和中短期票据（AAA）各关键期限点分别较 3 月初平均上行 57. 64 个、57. 26 个、51. 94 个和 55. 52 个基点。

二、成因分析

从总量上看，总需求相对稳定有助于价格总体平稳。从结构性因素看，猪周期下行及农产品供应充足等原因导致食品价格连续下跌，但菜价等趋稳以及基期因素影响食品价格跌幅收窄，并推动 CPI 涨幅低位回升。价格改革、消费升级以及上游价格传导等因素驱动非食品价格保持较高涨幅。大宗商品价格下跌及工业品供需调整影响 PPI 环比由正转负，同比涨幅持续回落。

(一) 总需求相对稳定有助于价格保持平稳

2016 年下半年之后总需求回暖对推动 PPI 与 CPI 涨幅上升发挥了显著作用。2017 年第二季度以来，随着房地产调控政策及防风险政策的进一步实施，经济政策对总需求的刺激作用有所减弱，投资增长有所放缓，但消费的稳定回升和出口的改善使总需求保持基本平稳。总需求状况的变化有助于价格水平的整体平稳，并推动 PPI 与 CPI 的背离收窄。

1. 投资增速稳中趋缓

投资增速在第一季度企稳回升后，第二季度又有所放缓。1~4 月，全国固定资产投资累计同比增长 8.9%，增速比第一季度下滑 0.3 个百分点。1~5 月，全国固定资产投资增速比 1~4 月再次下滑 0.3 个百分点。与此同时，民间固定资产投资增速在第一季度明显回升后，第二季度也有所回落，其中，1~4 月同比增长 6.9%，增速比第一季度减缓 0.8 个百分点；5 月下滑速度放缓，1~5 月同比增长 6.8%，增速比 1~4 月下滑 0.1 个百分点。

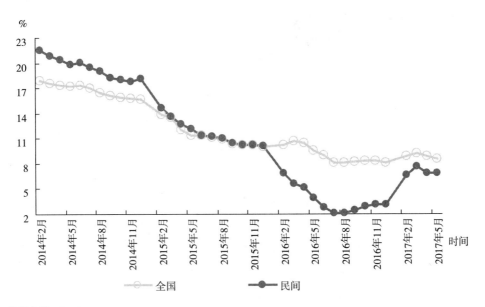

数据来源：Wind。

图 2 – 18　全国及民间固定资产投资累计同比增速变化情况

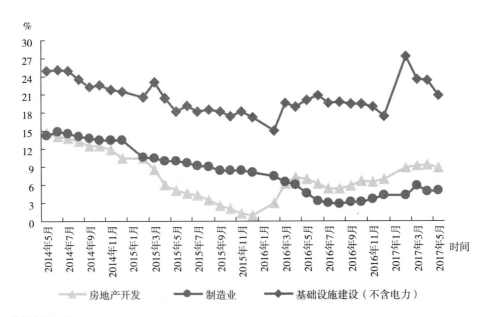

数据来源：Wind。

图 2 – 19　三大固定资产投资累计同比增速变化情况

基建投资增速冲高后有所回落。 受年初 PPP 项目集中落地的影响，2017 年 1～2 月，基建投资（不含电力）大幅增长 27.3%。随后财政支出增速放缓影响基建投资增速有所回落。1～5 月，基建投资（不含电力）累计同比增长 20.9%，增速比第一季度回落 2.6 个百分点。分行业看，铁路运输业、水利管理业、公共设施管理业等投资增速回落较多，但生态保护和环境治理业、道路运输业投资增速有所加快。

房地产开发投资增速稳中趋缓。随着房地产调控政策的持续收紧，房屋新开工面积和房地产开发投资增速有所下滑。2017年1～5月，房地产开发投资累计同比增长8.8%，增速比第一季度下降0.3个百分点。其中，住宅投资累计同比增长10%，增速比第一季度下降1.2个百分点。1～5月房屋新开工面积累计同比增长9.5%，比第一季度下降2.1个百分点，比上年同期下降8.8个百分点。

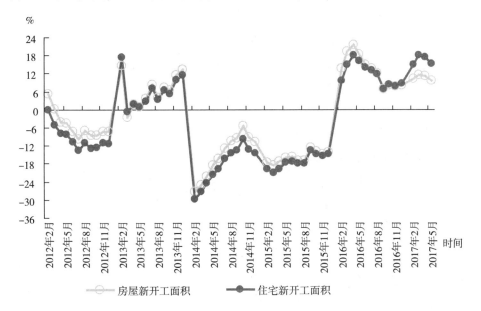

数据来源：Wind。

图2-20 房屋新开工面积和住宅新开工面积累计同比变化情况

制造业投资增速低位企稳。2016年下半年以来，受企业盈利有所改善、外向型企业出口形势好转、稳增长及扩大民间投资等政策影响，制造业投资增速有所企稳。但传统行业产能过剩矛盾依然突出，制造业投资增速回升动力不足。2017年1～5月，制造业投资累计同比增长5.1%，虽比上年同期提高0.5个百分点，但比2017年第一季度下滑0.7个百分点。分行业看，化学原料及化学制品制造业、非金属矿物制品业、黑色金属冶炼及压延加工业、有色金属冶炼及压延加工业等高耗能制造业投资仍呈下降态势，降幅较第一季度扩大，电子设备制造业、运输设备制造业、汽车制造业等投资增速加快。

2. 消费需求有所反弹

2017年初，社会消费品零售总额的增速仍延续了过去几年逐年下台阶的规律，但3月后，增速明显反弹，呈现出与前几年不同的特点。1～5月，社会消费品零售总额累计同比名义增长10.3%，比第一季度提高0.3个百分点，比上年同期提高0.1个百分点；实际增长 9.1%，比第一季度提高 0.3 个百分点，比上年同期下降 0.5 个百分点。

商品零售增长明显回升。2017 年 1～5 月商品零售累计同比增长 10.2%，比第一季度回升 0.3 个百分点，比上年同期提高 0.1 个百分点。从分项看，受成品油价格总体回升等因素影响，石油及制品类零售增速快速增加，1～5 月限额以上单位石油及制品类商品零售累计同比增长 12%，比上年同期提高 13.5 个百分点。受优惠政策调整及上年基数较高等因素的影响，1～5 月限额以上单位汽车类商品零售累计同比增长 4.2%，比上年同期下滑 3.1 个百分点。但受取消二手车限迁政策、经销商促销措施以及市场成交均价环比上升等因素影响，汽车类销售增速比第一季度提高 1.9 个百分点。受近期商品房销售增速放缓的影响，家具类商品增速回落，1～5 月限额以上单位家具类零售同比增长 13%，增速比上年同期回落 3.1 个百分点，但比第一季度提高 0.4 个百分点。

餐饮收入增速有所反弹。2017 年 3 月起，餐饮收入增速结束 2016 年以来的下滑趋势，出现连续回升，2017 年 1～5 月累计同比增长 11%，比第一季度回升 0.2 个百分点，但比上年同期低 0.3 个百分点。

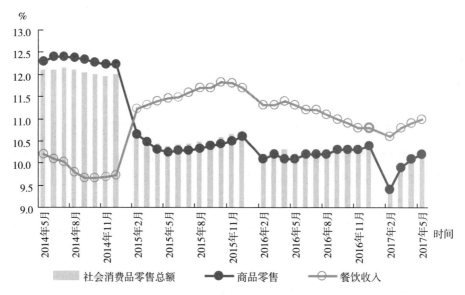

数据来源：Wind。

图 2－21　社会消费品零售总额及分项累计同比增速变化情况

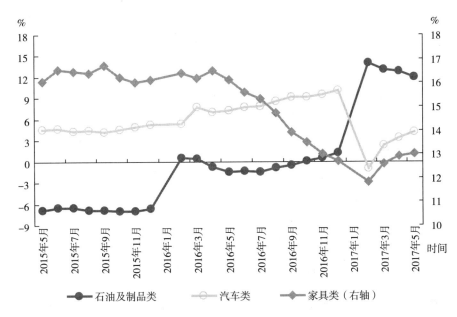

数据来源：Wind。

图2-22 限额以上单位商品零售累计同比增速变化情况

3. 出口持续改善

2016年下半年以来世界经济温和复苏，积极因素增加，主要经济体美国、欧盟、日本等经济增长形势向好，金砖国家和其他新兴市场经济体也有一些好的表现。全球经济形势好转改善了外部需求，我国出口稳步增长。2017年1~5月，我国出口金额（美元计价）累计同比增长8.2%，比上年同期回升18.4个百分点。规模以上工业企业出口交货值累计同比增长10.4%，比上年同期回升11.9个百分点。除中国香港地区外，对主要贸易伙伴出口增速全面提升。1~5月，我国对美国出口金额累计同比增长11.5%，比上年同期回升21.1个百分点；对欧盟出口金额累计同比增长8.1%，比上年同期回升12.1个百分点；对东盟出口金额累计同比增长11.2%，比上年同期回升18.7个百分点。出口改善是近期我国经济中的一大亮点。

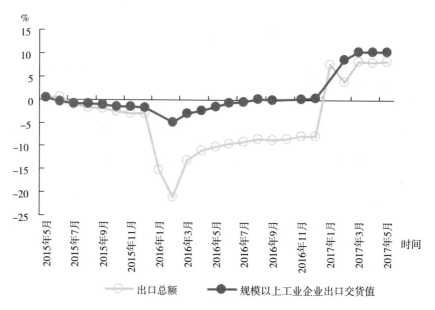

数据来源：Wind。

图 2 – 23　出口总额及规模以上工业企业出口交货值累计同比增速变化情况

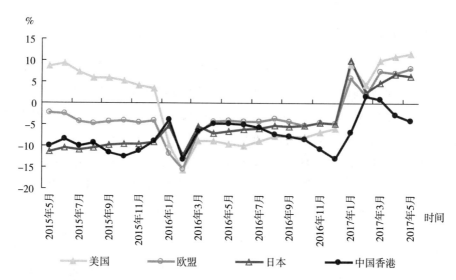

数据来源：海关总署。

图 2 – 24　我国对主要贸易伙伴出口累计同比增速变化情况

（二）食品价格跌幅收窄拉动 CPI 同比低位回升

2017 年初以来天气条件总体较好，主要农产品的供应相对充足，2～5 月食品价格环比涨幅、同比涨幅持续为负。但受基期等因素影响，4～5 月食品价格同比跌幅减小，对 CPI 的下拉作用有所减弱。

1. 猪周期下行及食品供应充足等导致食品价格下降

从供给看，受规模化养殖及行业养殖标准提升等因素影响，本轮猪周期趋于扁平化，2016 年下半年生猪存栏量回升，饲养的仔猪陆续上市，猪肉产量扩张。此外，2017 年我国延续猪肉进口增长、出口下降的局面，在一定程度上继续加大了猪肉供给。猪肉供给增加及需求状况的相对稳定，导致 2～5 月猪肉价格环比持续为负；再加上上年 4 月、5 月猪肉价格相对较高，高基数效应导致猪肉价格同比跌幅从 2 月的 0.9% 持续扩大至 5 月的 12.8%。

此外，受到饲料成本走低等因素的影响，蛋类供给相对增加引起蛋类价格总体不断走低。2015 年 4 月以来，蛋类价格同比涨幅除个别月份小幅为正外，其余月份持续位于负值区间，2017 年 2 月蛋类价格同比下跌 14.9%，达到最大跌幅，此后跌幅虽有所收窄，但仍然较大。

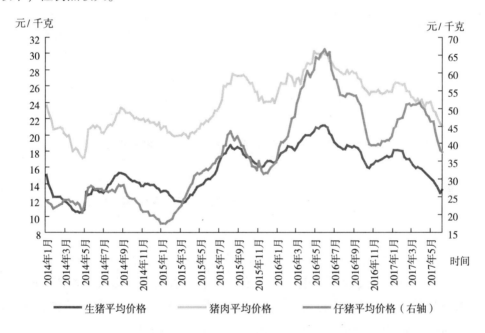

数据来源：Wind。

图 2-25　22 个省市猪肉平均价格、生猪平均价格、仔猪平均价格变化情况

2. 基期因素导致鲜果、鲜菜价格同比涨幅回升

受前期鲜果价格涨幅较大的影响，果农大幅扩大种植面积，2015 年至 2016 年鲜果市场处于供过于求状态，鲜果价格处于低位，2015 年 5 月至 2016 年 6 月月度同比涨幅持续为负。近期鲜果价格有所恢复，4 月、5 月环比涨幅分别为 1.86% 和 4.2%，同比

涨幅分别为 5.88% 和 11.8%。

2017 年全国平均气温相对较高，鲜菜价格处于低位，从 2 月开始环比持续为负，月均下跌达 6.1%。但 2016 年 2～4 月鲜菜供应不足、价格较高，直至 5 月份应季鲜菜上市，市场供应逐步增加，价格趋于正常。受上年基期因素影响，2017 年 4～5 月，鲜菜价格同比降幅缩小，特别是 5 月降幅明显收窄。

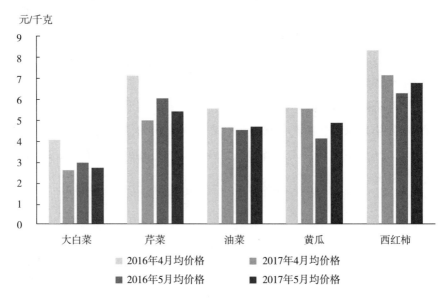

数据来源：国家统计局。

图 2-26　50 个城市主要鲜菜平均价格变化情况

（三）消费升级及价格改革等推动非食品价格上涨

自 2016 年下半年以来，全国居民人均可支配收入累计实际同比增速有所回升，消费者信心指数保持增长态势。居民对高端化产品和服务的消费需求增长尤其加快，但部分领域的供给尚跟不上需求的变化，在此情况下，市场定价的部分价格出现上涨。同时，伴随价格改革的推进，受到管制的部分服务价格也上升。

从非食品价格的变动情况看，一是受公立医院价格改革推动，医疗保健价格上涨较快。2017 年 4 月、5 月，医疗保健价格同比分别上涨 5.7% 和 5.9%，不断刷新 20 年以来的高点。其中，医疗服务价格受医疗价格改革的影响上涨明显。从 36 个城市医疗服务价格看，2017 年 4 月与 5 月诊疗费、注射费、化疗费等价格同比涨幅超过 20%，手术费、床位费等价格同比涨幅也在 10% 以上。此外，自 2015 年 6 月药品价格放开后，中、西药价格均明显上涨。二是教育、娱乐等需求不断上升影响价格持续上涨。4 月与 5 月教育文化和娱乐、旅游价格等同比涨幅均比上年同期扩大。三是 2016 年房价

快速上升的影响向租房市场传导，居住类价格仍保持较高增速。四是上游产品的价格
上涨向下游传导。2016 年下半年以来，大宗商品价格快速回升，虽然 2017 年第二季度
以来以原油为代表的大宗商品价格总体有所回落，但仍高于上年同期水平，推动能源
类消费价格上涨。2017 年 4 月、5 月，交通工具用燃料价格同比分别上涨 14.8% 和
10.2%，涨幅较上年同期扩大 24.7 个和 21.7 个百分点；居住类水电燃料价格同比均上
涨 1.9%，涨幅较上年同期扩大 3.0 个和 2.8 个百分点。

（四）大宗商品价格下降及工业品供需调整导致 PPI 涨幅回落

1. 大宗商品价格回落拉低 PPI 涨幅

在前期价格持续走高的刺激下，黑色金属、有色金属、煤炭等商品的供给均有明
显的恢复，导致 2017 年第二季度大宗商品价格出现不同程度下滑。虽然 OPEC 国家减
产协议延长 9 个月，但美国等原油产量复苏，国际原油库存增加，原油价格回落，并
影响石油和天然气开采、石油加工业价格涨幅回落。石油和天然气开采业，石油加工、
炼焦及核燃料加工业价格环比自 3 月以来均由正转负，4 月分别为 -4.2% 和 -0.9%，
5 月分别为 -0.3% 和 -0.4%。4 月、5 月石油和天然气开采业价格同比分别上涨 43%
和 27%，石油加工、炼焦及核燃料加工业价格同比分别上涨 27.5% 和 22%，涨幅自 2
月以来均持续收窄。

2. 供求关系调整推动部分工业品价格下降

从供给端看，上游工业品生产保持相对稳定局面。受前期价格上涨的影响，主要
工业品产量呈恢复性增长。2017 年 1~5 月，原煤、焦炭、生铁、粗钢产量累计同比分
别为 4.3%、3.7%、3.3% 和 4.4%，分别比上年同期增加 12.7 个、9.4 个、6.1 个和
5.8 个百分点。

从需求端看，部分工业品的需求走弱。随着各地收紧商品房限购政策，房地产开
发投资增速下滑，楼市的持续降温使得需求端回落的趋势进一步显现。受前期购置税
减半透支汽车消费的影响，汽车类商品消费需求降低。房地产投资和汽车销售增速回
落减少对钢材、建材、化工等产品需求。此外，受库存周期的影响，第二季度以来库
存周期见顶回落，企业由主动补库存向被动补库存阶段过渡，对原材料和燃料的补库
存意愿降低。

供需调整推动煤炭、钢铁、水泥等部分工业品价格下滑。4 月、5 月黑色金属矿采
选业、黑色金属冶炼和压延加工业、有色金属冶炼和压延加工业价格由正转负，4 月环
比分别下降 2.6%、3.1% 和 0.2%，5 月分别下降 4.1%、1.3% 和 0.9%。

　　总体来看，大宗商品价格下降及供需调整推动煤炭、钢铁、水泥等部分工业品同比涨幅回落。1~5 月，煤炭开采和洗选业、黑色金属矿采选业、有色金属矿采选业价格累计同比分别上涨 37.2%、14% 和 13.5%，涨幅比第一季度下降 2 个、12.8 个和 3.1 个百分点；黑色金属冶炼及压延加工业、有色金属冶炼及压延加工业价格累计同比分别上涨 17.7% 和 13.6%，涨幅比第一季度下降 20.5 个和 4.4 个百分点。

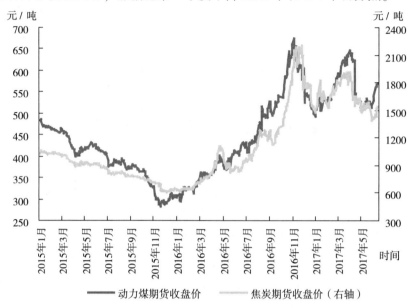

数据来源：Wind。

图 2 - 27　煤炭价格变化情况

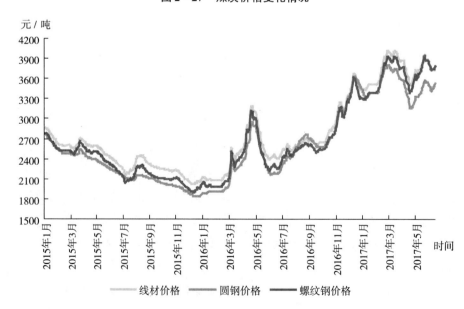

数据来源：Wind。

图 2 - 28　钢铁价格变化情况

三、趋势展望

年内总需求存在小幅下滑压力，对价格的推动作用有所减弱。受供给调整及季节性因素的影响，猪肉价格、鲜菜价格有可能回升，食品价格对 CPI 的拖累作用将逐步减弱。价格改革、成本因素及消费升级仍将影响非食品价格上行，但其他推动非食品价格上涨的因素的作用有所减弱，预计非食品价格增速保持相对稳定。受供需调整及库存周期转向的影响，国内部分工业品价格存在下行压力。原油等大宗商品价格仍可能呈振荡格局。预计 2017 年全年 CPI 上涨约 1.8%，PPI 上涨约 4.5%。

(一) 年内总需求存在小幅下滑压力

1. 先行指标显示经济结构仍处于调整过程中

宏观经济先行指标克强指数、中采 PMI 以及财新中国 PMI 指数显示经济增长可能有所放缓。作为宏观经济先行指标的"克强指数"在 2017 年 2 月达到高点后逐步下滑，4 月为 12.91%。5 月中采 PMI 为 51.2%，与上月持平，尽管超过荣枯线，但为近几个月的相对低点。财新 PMI 从 2 月逐步回落，5 月为 49.6%，较上个月下降 0.7 个百分点，为 2016 年 7 月以来的最低水平。

从中采 PMI 各分项指标看，5 月制造业供需两端出现明显分化。在供给端，生产指数为 53.4%，较上个月回落 0.4 个百分点，虽仍在枯荣线以上，但已连续 2 个月回落，主要受企业盈利放缓影响，生产积极性有所下降。在需求端，新订单指数为 52.3%，与上月持平，表明内需相对平稳；新出口订单指数为 50.7%，较上个月回升 0.1 个百分点，表明受全球经济回暖影响，外需仍持续改善。

　　此外，5 月非制造业商务活动 PMI 为 54.5%，较上个月回升 0.5 个百分点，但较 3 月下滑 0.6 个百分点。其中，建筑业指数为 60.4%，较上个月大幅下滑 1.2 个百分点，项目开工出现减缓；服务业指数为 53.5%，较上个月回升 0.9 个百分点，表明服务业发展势头相对较好。

　　总体来看，经济结构仍处于调整过程中，传统部门的增长动力将有所放缓，但外需改善和服务业等新兴部门的发展将为经济增长提供支撑。

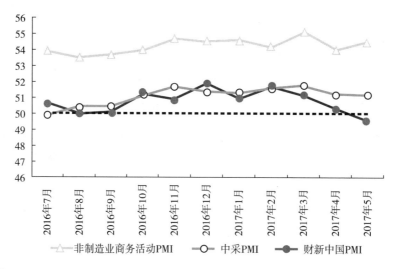

数据来源：Wind。

图 2 - 29　中采 PMI、财新中国 PMI、非制造业商务活动 PMI 指标变化情况

2. 总需求增速或将小幅下滑

　　在货币政策回归稳健中性，同时金融监管政策频繁出台、财政纪律约束加强、美联储加息的背景下，货币金融条件有所收紧，市场利率总体上行，一些方面的融资约束增强。预计这些变化将对总需求产生一定影响，但各部分之间所受的影响不尽相同。

　　（1）固定资产投资增速或将有所回落

　　基建投资维持高速难度加大。基建投资增速维持高位具有一定的支撑。一是 PPP 项目落地率持续上升，落地周期逐步缩短。根据财政部 PPP 中心公布数据，截至 2017 年 3 月末，已经签约落地项目 1729 个，总投资达 2.9 万亿元，落地率达到 34.5%。此外，为了发挥企业债券融资对 PPP 项目建设的支持作用，国家发展改革委印发了《政府和社会资本合作（PPP）项目专项债券发行指引》，有效拓宽了 PPP 项目的融资渠道；同时，第二批资产支持证券化 PPP 项目清单出炉，PPP 资产证券化步伐加速，将保障 PPP 项目持续快速发展。二是 PSL（抵押补充贷款）持续发力，未来 PSL 将着力引导中期政策利率水平，为商业银行提供低成本资金，并引导资金流向基建领域，为基建投资提供资金保障。

房地产投资增速有可能缓慢下滑。随着一二线城市以及三四线热点城市房地产调控政策频繁加码，限购、限贷、限售标准大幅提高，房地产销售增速出现下滑，并向投资端传导。从资金来源看，随着稳健中性货币政策的落实以及房企境内发债基本停止、银监会收紧开发贷、严禁理财资金违规进入房地产等一系列措施出台，房地产企业融资难度加大、融资成本上升，在一定程度上将抑制房地产的投资增长。例如，4月银监会向各地银监局下发《2017年信托公司现场检查要点》，房地产信托业务被列为检查要点之一，房地产融资渠道监管全面趋严。1～5月房地产开发企业到位资金累计同比增长9.9%，累计增速较1～4月回落1.5个百分点。其中，受益于销售增速回暖，房企定金及预收款增长较多，来自定金及预收款的资金1～5月累计同比增长20.3%，而未来销售增速的下滑可能对这部分资金来源产生一定影响。此外，受新一轮楼市调控政策收紧的影响，个人按揭贷款资金明显减少，1～5月累计同比增长8.6%，较1～4月回落5.9个百分点。从土地供应看，1～5月土地购置面积累计同比上涨5.3%，房屋新开工面积累计同比上涨9.5%，分别较1～4月回落2.8个和1.6个百分点，显示房地产投资受到调控的影响。

不过，有些因素可能延缓房地产投资的下滑程度。4月住建部和国土资源部联合下发《关于加强近期住房及用地供应管理和调控有关工作的通知》，要求加强和改进住房及用地供应管理，改善住房供求关系，稳定市场预期，促进房地产市场平稳健康发展，这可能延缓房地产开发投资增速过快下滑。同时，各地房地产价格走势出现分化，在15个一线和热点二线城市中，5月6个城市新建商品住宅价格环比下降，3个城市持平，6个环比为正。在70个大中城市中新建商品住宅价格环比为负的城市仅有9个，环

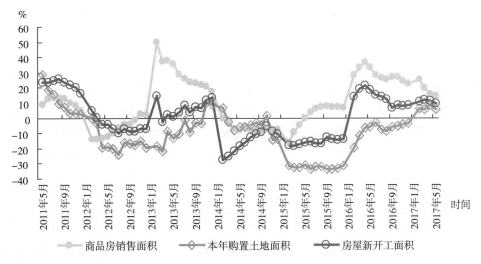

数据来源：Wind。

图2－30　商品房销售面积、本年购置土地面积以及房屋新开工面积情况

比涨幅回落的城市有 26 个，环比涨幅上涨的有 35 个。部分城市房价上涨仍可能刺激房地产投资的增长。整体来看，随着政策和资金来源的变化，年内房地产投资增速可能缓慢下行。

但值得注意的是，财政收入增速放缓、赤字扩张空间有限、资金来源后续乏力等因素将导致年内基建投资维持高速的难度加大。一是财政预算收支矛盾进一步突出。随着国务院减税降费力度不断加大，财政在收入端将面临更大压力，在支出刚性增长的趋势下，财政收支矛盾或将更加突出。二是中央规范地方政府融资行为力度升级，影响地方政府基建投资融资来源。为了进一步防范化解财政金融风险，财政部于近期连续下发了《关于进一步规范地方政府举债融资行为的通知》《关于坚决制止地方以政府购买服务名义违法违规融资的通知》等一系列规范地方政府举债融资行为的文件，未来地方政府举债将更加透明规范，或将对地方政府融资能力形成制约，影响地方政府基建投资的资金来源。三是政府土地收入将减少。随着楼市调控政策频繁加码，此前高涨的土地收入将难以为继，土地出让金及增值税、契税等房地产相关税收收入或将有所下滑。四是 2017 年前 5 个月财政支出节奏快于往年且财政盈余显著较低，未来财政支出可能面临较大压力。1～5 月，全国一般公共预算支出同比增长 14.7%，占到全年预算的 39.2%，高于 2016 年同期的 35% 和过去五年平均 34% 的水平；财政盈余为 757.0 亿元，显著低于 2016 年同期的 3351.6 亿元和过去五年平均 7775.3 亿元的水平。考虑到 2017 年财政赤字率仍为 3%，加之清理地方政府违规举债，支出节奏提前可能意味着未来财政支出会面临较大压力。

制造业投资增速仍有可能波动。近期为促进制造业发展，国家出台了一系列政策措施，为制造业投资增速企稳提供了支撑。一是企业税费成本将进一步下降。6 月召开的国务院常务会议确定，从 2017 年 7 月 1 日起，开始采取四项新减税降费措施，预计每年可再减轻企业负担 2830 亿元。二是企业融资环境得到改善。中国人民银行等五部委联合印发了《关于金融支持制造强国建设的指导意见》，将有效拓宽企业融资渠道、降低融资成本，为制造业转型升级提供金融支持。三是高端制造业仍将保持快速发展。为了大力推进实施"中国制造 2025"国家战略，科技部组织制定了《"十三五"先进制造技术领域科技创新专项规划》，将助推大数据、云计算、物联网、智能机器人等高端制造业加速发展，有效缓冲传统制造业投资增速的下滑。此外，外需改善和消费的稳定增长也将为制造业投资增长提供支持。

但当前仍然存在诸多不利因素对制造业投资增速回升空间形成制约。一是制造业产能过剩的矛盾依然存在，将抑制制造业投资增速回升。二是企业利润增速已呈现放缓态势，不利于制造业投资增速的上升。三是根据联合国贸易和发展会议发布的《2017 年世界投资报告——投资和数字经济》，我国已经成为全球第二大对外直接投资国，制造业投资外流可能会对国内制造业投资产生负面影响。

（2）消费增长有可能继续保持基本平稳

目前，传统消费相对平稳，新兴消费需求逐步形成，对消费平稳增长具有良好支撑。一是消费升级带动新兴消费需求。随着居民受教育程度提高和消费观念的变化，休闲旅游、文化娱乐、体育养生等新兴高端消费快速发展，为消费增长提供了新的支撑。加之随着新一轮服务业综合改革试点持续推进，养老、医疗、教育等领域的发展加快，未来增长潜力巨大。二是以网上零售与共享经济为代表的新型消费模式依然保持快速发展态势。互联网技术便利了消费者的交易行为，在一定程度上刺激了消费需求上升。三是随着城乡基本公共服务均等化的加快实施，乡村消费增速持续提高，为消费平稳增长提供了支撑。

但消费增长也受到一些约束。一是居民可支配收入增速较低对消费增长形成制约。在经济放缓的背景下，最近两年居民可支配收入的增速明显放缓，2017 年第一季度全国居民人均可支配收入名义增速趋稳，实际增速比 2016 年第四季度提高了 0.7 个百分点，但与过去相比仍处于较低水平。此外，根据城镇储户问卷调查结果，2017 年以来居民未来收入信心指数比 2016 年第四季度明显降低，消费增长有可能受到收入因素制约。二是随着房地产销量持续回落，未来或将抑制家具、家电、建筑装潢类等消费上升。三是汽车消费增速将放缓。考虑到 1.6 升及以下排量乘用车购置税减半的优惠政策结束，且 2016 年较高的汽车消费基数，预计 2017 年汽车消费增长较为低迷。总体来看，消费增速可能保持基本平稳。

（3）出口改善可能性较大

从先行指标看，5 月，中国外贸出口先导指数、出口经理人指数分别为 41.1、45.2，皆比上月回升 0.4，显示了出口可能持续改善的迹象。全球经济的持续回暖将对我国出口形成支撑。一是世界经济将延续复苏态势。IMF 在 4 月的《世界经济展望》中，将 2017 年全球经济增速预测值由 1 月的 3.4% 提高至 3.5%，比 2016 年回升 0.4个百分点。二是美国、欧洲等主要发达国家和地区经济持续改善为我国出口形势好转提供支撑。三是新兴经济体或成为新的出口支撑点。随着新兴经济体经济增长的持续加快，我国对新兴经济体出口大幅回升，未来在"一带一路"倡议等推动下，新兴经济体有望成为我国新的出口增长点。四是中美贸易关系进一步缓和。4 月，中美两国元首会晤时，同意推进中美经济合作百日计划，近期《中美经济合作百日计划早期收获》公布，为缓和中美贸易关系、深化两国经贸领域合作奠定了基础。

不过，出口改善的程度存在不确定性。反全球化、贸易保护主义和民粹主义思潮等的影响仍可能显现，贸易摩擦也可能增加，地缘政治因素的不确定性上升，有可能制约出口的改善程度。此外，受贸易保护主义升温及全球价值链增长放缓的影响，近些年全球经济增长对贸易增长的推动作用下降，2014 年到 2016 年，全球经济增速从3.4% 下降到了 3.1%，而全球货物贸易量从 2.8% 下降到了 1.7%。未来全球经济增速回升对世界贸易增长的带动作用有待观察。

（二）预计食品价格将止跌回升，对 CPI 拖累作用减弱

1. 预计猪肉价格将有小幅回升

从供给端看，由于近期猪肉价格持续下跌，目前市场普遍存在观望情绪，加上国家强化养殖标准，生猪产能已出现收缩迹象。从先行指标看，2016 年第四季度，能繁母猪存栏量下滑，2017 年第一季度能繁母猪存栏量降至低位，根据生猪出栏约 6 个月生长周期判断，下半年猪肉供应将相对趋紧。2016 年以来，虽然饲料等成本进入下行通道，带动生猪养殖成本逐渐下降，但随着生猪价格的持续下滑，生猪养殖利润空间正在缩小。2017 年 6 月 16 日，22 个省市平均猪粮比为 7.56，虽然仍高于 6 的盈亏平衡点，但仅限于养殖户自繁自育仍能盈利，如果通过购进仔猪或母猪养殖扩大产能，则存在较大的亏损风险，未来生猪产能存在较大的收缩压力，影响长期猪肉供给。虽然近期进口猪肉、冻肉迅速攀升可能对国内猪肉价格形成打压，但进口猪肉量仅占猪肉产量的 3% 左右，短期对价格回升不会产生较大影响。由此判断，本轮猪周期下行已步入尾声，供给端可能相对收缩。从需求端看，下半年，特别是 9 月以后，猪肉季节性需求将有所上升，也将对猪肉价格回升产生支撑。

总体来看，在供需双重作用下，未来猪肉价格将有所上涨，但猪周期将相对平稳，猪肉价格上行压力较为温和。

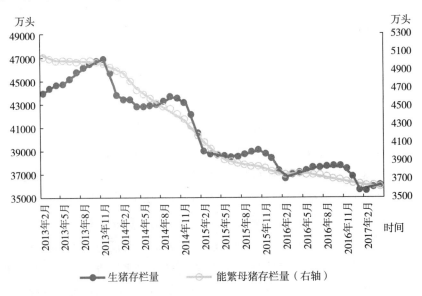

数据来源：Wind。

图 2 - 31　生猪存栏量和能繁母猪存栏量变化情况

2. 鲜菜价格等可能止跌回升

上半年，鲜菜供给充裕使鲜菜价格持续走弱，连续 4 个月环比涨幅为负。考虑到蔬菜的种植周期，下半年蔬菜供应将收紧，对价格形成一定支撑。高频数据显示，截至 2017 年 6 月 14 日，寿光蔬菜价格指数为 72.86，出现短期回升。从季节性因素看，下半年菜价回升的可能性较大。不过，鲜菜价格易受天气影响，未来存在一定的不确定性。总体来看，下半年鲜菜价格将有所回升，对 CPI 的拖累作用将有所减弱。

此外，鸡蛋价格年内可能止跌回升。农业部发布的鸡蛋平均价于 2014 年 9 月上旬达到 12.24 元/公斤的高点，此后总体呈现下跌态势，中间虽一度有所反弹，但不改下跌走势，特别是自 2016 年 9 月中旬以后，由 9.9 元/公斤持续下跌至 2017 年 6 月上旬的 6.75 元/公斤，达到自 2009 年 9 月开始有该项数据以来新低。由于玉米价格已处于低点，饲料价格再下降的可能性不大，年内鸡蛋价格趋稳并有所上涨的概率较高。

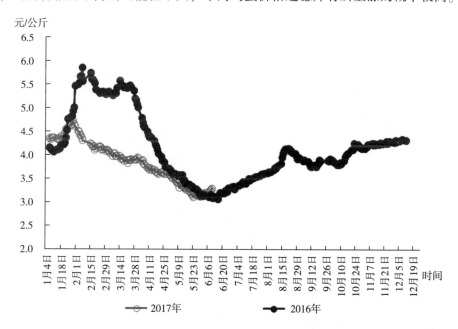

数据来源：Wind。

图 2 - 32 农业部 28 种重点监测蔬菜平均批发价格指数变化情况

3. 粮食价格将保持低位平稳

国内粮食过剩格局基本不变。从目前主要粮食作物看，夏粮再次丰收，玉米市场库存偏高，小麦库存充裕，大豆市场需求偏弱。在粮食市场供给较为宽松的局面下，短期内粮价难以出现回升。政策上，取消大豆、玉米临时收储政策，大豆实施目标价格改革，玉米收购政策调整为"市场化收购"加"补贴"机制，将加大玉米、大豆价格的下行压力，水稻、小麦等其他主要粮食作物价格也可能受到影响。考虑到近几年粮食种植成本随着土地租金和人工费用的上涨而大幅提升，以及国有粮库轮换收储政策依然可以对稳定市场价格产生影响，粮食价格出现大幅下滑的可能性并不大。总体来看，由于粮食价格已经处于近年来低位，继续下滑空间有限，下半年粮价将基本维持平稳。

综上所述，不考虑极端天气冲击，食品价格总体上将止跌并温和回升，对 CPI 的拖累作用将有所减弱。

（三）非食品价格涨幅可能保持基本稳定

价格改革仍将带动服务价格维持较高增速。医疗保健价格上涨是 2017 年初以来非食品价格涨幅维持相对高位的主要推手，随着部分地区医院价格改革方案密集出台，药品价格将交由市场供求和药品质量决定，年内医疗价格继续维持高位的可能性较大。除医疗服务外，下半年，电力、天然气、铁路运输等都是深化价格改革的重点领域和关键环节。随着改革的深入推进，在更加市场化的定价机制下，价格的灵活性进一步提高，以服务为代表的部分领域价格水平仍可能维持较高增速。

服务业供需因素的变化也将继续支撑服务价格维持高位。从供给端看，2017 年以来，已有上海、深圳、山东在内的 7 个省市提高最低工资标准，随着企业用工标准提升，劳动力成本上涨压力加大，将进一步助推非食品价格的上涨。此外，随着老龄化社会的到来，以及我国对高端劳动力需求的日益增长，劳动力供给缺口将持续扩大，尤其是服务业对劳动力的需求日益增大，这加剧了劳动力成本的上涨，成为长期带动非食品价格上涨的重要因素。从需求端看，随着收入提高和消费观念的转变，消费结构正在发生变化，服务消费已成为居民消费的重点领域，旅游、教育、医疗等服务的消费需求逐渐变得刚性。

不过，考虑到医疗服务价格上涨将会以居民承受能力为前提，服务价格的涨幅将受制于居民收入增速，预计医疗服务价格的涨幅不会过大。租金成本上涨是前期推动非食品价格上涨的重要因素之一，考虑租金滞后房价一段时期，租金价格上涨仍将维持一定时间，但伴随房地产市场调控政策趋严及房地产价格出现松动迹象，年内租金价格持续上涨的动力不足。此外，自 2016 年 12 月以来，受原油价格上涨影响，交通工具用燃料价格及居住类水电燃料价格同比增速处于相对高位；在近期原油价格回调情况下，交通工具用燃料价格及居住类水电燃料价格同比增速未来可能收窄。总体来看，下半年非食品价格将延续上涨态势，但同比涨幅可能有所收窄。

（四）PPI 同比涨幅将持续回落

1. 库存周期转向带动工业品价格下行

从库存周期看，本轮补库存周期从 2016 年 6 月开始，前期主要表现为需求回升和供给的扩张，其中需求端动能主要来自基建和房地产投资扩张，以及汽车销售市场政策红利的作用，供给端动能则来自 PPI 和企业利润的持续回升，供需两端的作用使企业整体处于主动补库存周期中，并拉动工业品价格回升。

从供需两端变动看，本轮库存周期已由主动补库存转为被动补库存周期，库存压力将所有加大。近期 PPI 环比连续两个月为负，企业利润增速和主营业务收入增速连续回落，工业增加值同比涨幅连续两月持平于 6.5%。由于生产持平而销售减少导致企业被动补库存，工业企业产成品库存增速继续上升，2017 年 4 月增速为 10.4%，创出 2015 年以来的最大值，6 月 PMI 原材料库存指数为过去 6 年高点。从需求端看，随着房地产投资和基建投资扩张动力减弱，汽车行业政策红利消失，叠加资金趋紧，需求将开始回落，6 月 PMI 购进价格指数回落至 49.5%，显示需求端对工业品价格支撑不足。从供给端看，随着前期 PPI 回落及企业利润增速放缓，企业工业品主动库存回补动力将逐步消失，企业投资意愿将持续下滑。分行业看，前期需求较好、价格上涨最快的主要上游行业，黑色金属矿采选业、有色金属矿采选业、非金属矿采选业、石油和天然气开采业等行业产成品库存已经连续两个月回升，其中，黑色金属采选业、有色金属矿采选业同比增速降幅收窄，非金属矿采选业、石油和天然气开采业同比仍持续正增长。部分中游行业产成品库存的回升速度更快，黑色金属冶炼及压延加工业、化学纤维制造业等中游行业产成品库存同比增速超过 10%。下游行业中汽车制造业产成品库存增速超过 20%。

从主要工业品看，受供需两端调整及库存周期转向影响，煤、钢、铁矿石等上游产品价格总体已呈振荡下跌态势。6 月南华工业品指数、中国铁矿石价格指数 CIOPI、钢铁 Myspic 综合钢价指数均处于下行趋势，显示未来工业品价格上涨动力不足。

2. 国际大宗商品价格将延续低位波动态势

目前，全球经济回暖在一定程度上将加大对大宗商品的需求，对大宗商品价格形成一定支撑，但供给过剩的局面仍将维持，从而抑制大宗商品价格的上涨。从原油看，产能过剩局面短期难以改变。一是美国原油供给仍在继续增加。2017 年第一季度，美国新开钻井平台数达 153 台，较 2016 年第四季度增加 43%。美国近期退出《巴黎协定》，提出大力发展传统能源项目，并鼓励页岩油勘探开发，估计原油产量可能继续增加。此外，由于新的开采技术的突破，未来页岩油的成本或降至 20 美元/桶以下，页岩油成本大幅下降将压低国际原油价格。二是 OPEC 减产协议对油价的影响力明显减弱。5 月 25 日，OPEC 将既有的减产协议再次延长至 2018 年 3 月，比原定期限延长 9 个月，然而油价不涨反跌，且目前油价已经接近 2016 年 11 月末减产协议前的价格区间。原因在于美国页岩油在油价反弹环境下仍不断增产，已显著抵消原油限产协议对油价的支撑效果。同时，叙利亚及利比亚增产也加大了市场对减产协议的担忧，对减产协议的影响力造成影响。三是市场对大宗商品价格的预期并不乐观。目前，市场普遍担心 2018 年 4 月后 OPEC 原油供给将明显增加，加大了价格下行压力。总体来看，供给端的压力将抑制油价大幅上涨。

此外，美联储加息加大了大宗商品价格下行压力。一是随着美联储加息、"缩表"的确立，未来美元指数整体可能呈强势表现，对原油等大宗商品价格上涨形成压力。二是美元加息影响原油等大宗商品配置，波及大宗商品价格。美联储加息、"缩表"将使全球资产头寸做出调整。在美联储释放流动性过程中，大量的资金进入大宗商品领域。随着美元走强，资金将会更多配置美元资产，原油等大宗商品可能会遭到抛售，从而导致价格下跌。

其他大宗商品价格可能维持低位波动。在黑色金属方面，铁矿石港口库存维持高位，供应压力较大，中长期价格持续承压。在有色金属方面，尽管近期铜价因极端天气影响出现上涨，但需求大幅提振的概率较小，未来铜价可能维持振荡走势。在农产品方面，国际粮食高产量、高库存格局基本不变。根据美国农业部数据，2016—2017 年度，全球小麦库存已连续四年增长，高库存可能抑制国际粮价上涨。总体来看，国际大宗商品价格将延续低位波动态势。

（五）价格变动趋势预测

1. 预计 2017 年全年 CPI 涨幅为 1.8% 左右

基于以上分析，2017 年全年 CPI 涨幅为 1.8% 左右，上半年较低，下半年相对较高，月度同比涨幅波动性可能较高。

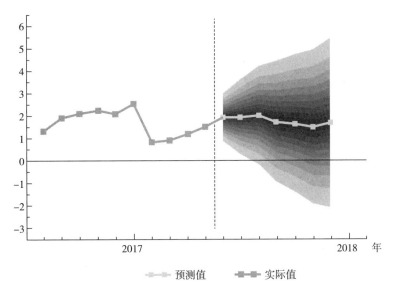

数据来源：2017 年 5 月及之前数据来源于国家统计局，6 月及之后的数据为预测值。

图 2-33　CPI 同比涨幅预测

2. 预计 2017 年全年 PPI 涨幅为 4.5% 左右

基于以上分析，考虑到基期因素，2017 年第三、第四季度 PPI 可能呈现逐步回落态势，预计 2017 年全年 PPI 涨幅为 4.5% 左右。

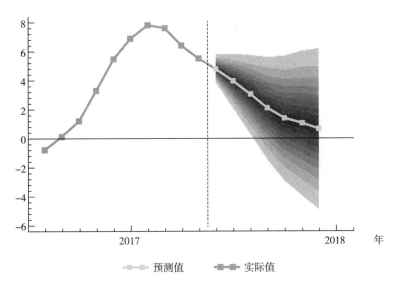

数据来源：2017 年 5 月及之前数据来源于国家统计局，6 月及之后的数据为预测值。

图 2-34　PPI 同比涨幅预测

第三部分
2017 年第三季度价格监测分析

主要观点和结论

　　6 月以来，价格涨幅总体温和。食品价格降幅持续收窄，非食品价格涨幅维持相对高位，CPI 同比涨幅趋于回升。PPI 环比回升加快，同比涨幅止降转升。国际油价波动走高，大宗商品价格总体上扬。主要城市新建商品住宅价格走势趋稳，股票价格振荡上升，债券价格小幅走低。

　　从成因看，近期供给面因素对价格的推升作用较为明显。去产能和环保限产对工业生产和价格产生影响，加之国际油价等大宗商品价格上涨，导致 PPI 涨幅回升。总需求增长态势有所放缓，但补库存及上游部分工业品需求较旺为工业品价格提供了支撑。高温、强降雨天气以及周期性、季节性等因素影响了鲜活农产品的供给，使得食品价格回升、同比涨幅收窄；价格改革以及上游价格传导等因素推动非食品价格保持较高涨幅，食品与非食品价格共同影响 CPI 涨幅回升。

　　年内供给端冲击的边际影响可能减弱，总需求仍有小幅下滑可能，供需缺口将维持基本稳定，为价格稳定提供基础。工业品价格持续上升的可能性较小，受基期因素影响，同比涨幅可能下降。由于供给调整及季节性因素影响等原因，猪肉价格将维持总体上涨态势，鲜菜价格也有可能波动，但食品价格上涨幅度可能有限。非食品价格涨幅可能继续保持基本稳定。预计 2017 年全年 CPI 上涨约 1.8%，PPI 上涨约 6%。

（本部分完成于 2017 年 9 月 24 日）

一、价格形势

6 月以来，价格涨幅总体温和。食品价格降幅持续收窄，非食品价格涨幅维持相对高位，CPI 同比涨幅趋于回升。PPI 环比回升加快，同比涨幅止降转升。国际油价波动走高，大宗商品价格总体上扬。主要城市新建商品住宅价格走势趋稳，股票价格振荡上升，债券价格小幅走低。

（一）价格涨幅总体温和

1. 居民消费价格涨幅趋于回升

CPI 同比涨幅波动回升。 2017 年 2 月 CPI 同比涨幅达到 2015 年 2 月以来低点 0.8% 之后，总体呈现波动回升态势。8 月 CPI 同比上涨 1.8%，涨

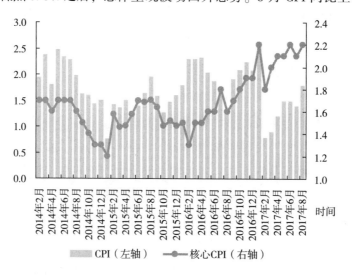

数据来源：国家统计局。

图 3 - 1　CPI 同比上涨情况

幅比上个月扩大0.4个百分点。其中，剔除食品和能源的核心CPI同比涨幅自3月以来持续运行在2%~2.2%的区间，8月为2.2%，比上个月高出0.1个百分点。

食品价格降幅持续缩小。 2017年2月食品价格同比下降4.3%，落入负值区间，截至8月仍在负值区间运行，但降幅已显著收窄。8月食品价格同比下降0.2%，降幅较上个月收窄0.9个百分点。食品价格降幅收窄主要是受畜肉类价格降幅收窄、鲜菜和蛋价格涨幅扩大的影响。畜肉类价格降幅于6月达到最大，此后连续两个月收窄，8月同比下降8.4%，降幅较上个月缩小1.4个百分点。猪肉价格回升是引起畜肉类价格收窄的主要原因，猪肉价格于6月达到最大降幅后，7月、8月连续缩小。鲜菜价格涨幅于6月实现由负转正，涨幅逐月扩大，8月同比上涨9.7%，涨幅比上个月扩大0.6个百分点。蛋价格涨幅自2015年4月以来基本处于负值区间，8月同比上涨4.3%，实现由负转正。粮食、食用油、奶等其他食品价格走势相对稳定。

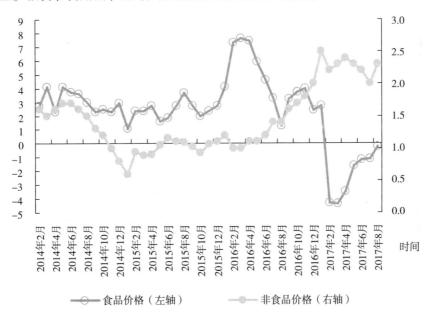

数据来源：国家统计局。

图3-2 食品价格和非食品价格同比上涨情况

非食品价格涨幅维持相对高位运行。 2016年12月以来，非食品价格同比涨幅持续高于或持平于2.0%，5月以来涨幅不断回落，7月达到2%，8月又回升至2.3%。其中，医疗保健、居住、生活用品及服务价格涨幅总体扩大，医疗保健价格涨幅由6月的5.7%回落至7月的5.5%，8月扩大为5.9%；居住价格涨幅由6月的2.5%扩大到8月的2.7%；生活用品及服务价格涨幅由6月的1.1%扩大到8月的1.3%。教育文化和娱乐、衣着价格涨幅保持基本稳定。其他用品和服务价格涨幅总体回落，由6月的2.8%回落到8月的1.4%。交通和通信价格涨幅波动较大，由6月的0.1%下降至7月的-0.2%，又回升至8月的0.7%。

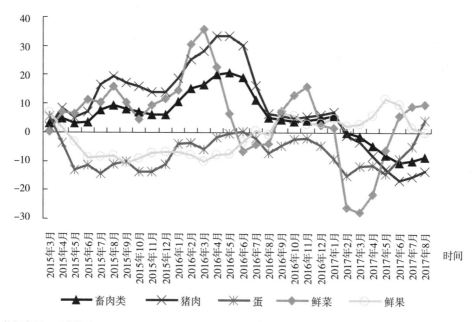

数据来源：国家统计局。

图 3 - 3　部分食品价格变化情况

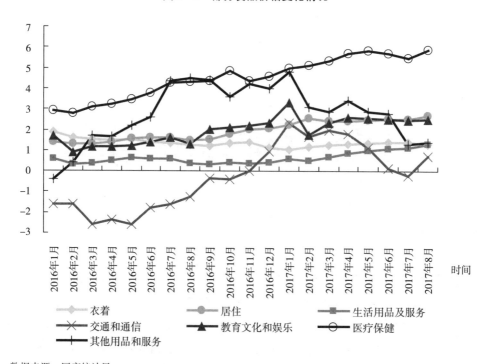

数据来源：国家统计局。

图 3 - 4　主要非食品价格变化情况

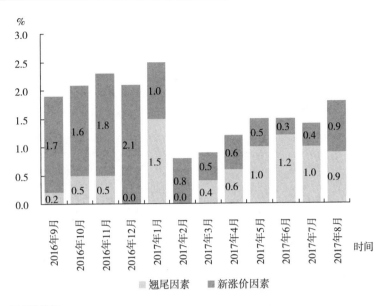

数据来源：国家统计局。

图3-5 翘尾因素和新涨价因素

翘尾因素有所回落，新涨价因素明显上升。8月，翘尾因素为9%，较上个月回落0.1个百分点，连续2个月出现回落；新涨价因素为0.9%，较上个月上升0.5个百分点，连续2个月上升。从对CPI同比涨幅的贡献度看，翘尾因素的贡献度由6月的80%下降到8月的50%，新涨价因素的贡献度由6月的20%提高到8月的50%。

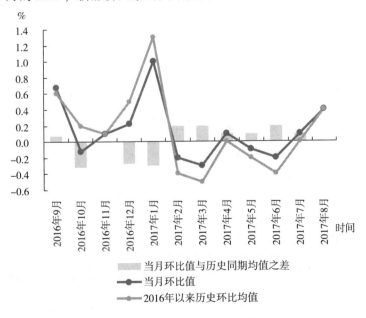

数据来源：国家统计局。

注：2017年1月、2月对应的历史同期环比均值分别为春节所在月份和春节后一个月均值。

图3-6 CPI环比与历史均值比较

CPI 环比涨幅继续高于或持平于历史同期平均水平。 2 月以来，CPI 环比涨幅连续高于或持平于历史同期平均水平，8 月 CPI 环比上涨 0.4%，与历史同期均值持平。其中，食品价格和非食品价格分别环比上涨 1.2% 和 0.2%，均与历史同期均值持平。

2. 工业生产者价格涨幅有所扩大

PPI 涨幅于 2017 年 2 月达到 7.8% 的高点后开始回落，5 月回落至 5.5%，之后连续两个月保持在 5.5% 的水平，8 月涨幅有所扩大。8 月，PPI 同比上涨 6.3%，涨幅比上个月扩大 0.8 个百分点。其中，生产资料价格同比上涨 8.3%，涨幅比上个月扩大 1.0 个百分点；生活资料价格同比上涨 0.6%，涨幅比上个月扩大 0.1 个百分点。PPI 环比于 2017 年 4 月达到 -0.4% 的低点，此后逐渐回升，8 月涨幅为 0.9%，较上个月扩大 0.7 个百分点。在翘尾因素略有回落的同时，PPI 环比上涨加快带动新涨价因素上升。8 月，翘尾因素约为 4.4%，比上个月回落 0.2 个百分点；新涨价因素约为 1.9%，比上个月上升 1.0 个百分点。

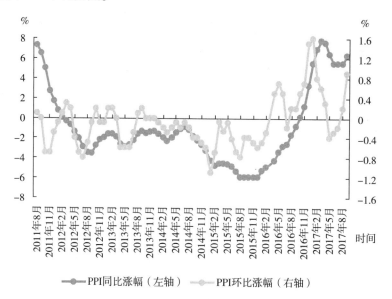

数据来源：国家统计局。

图 3 - 7　工业生产者出厂价格走势

3. 企业商品价格涨幅出现反弹

中国人民银行监测的企业商品价格（CGPI）于 2 月达到高点后，涨幅不断回落，8 月涨幅出现反弹。8 月，CGPI 同比上涨 6.7%，涨幅比上个月扩大 0.9 个百分点。其中，农产品价格下降 0.2%，降幅比上个月缩小 1.1 个百分点；矿产品价格上涨 11.8%，涨幅比上个月扩大 2.5 个百分点；煤油电价格上涨 11.0%，涨幅比上个月扩大 1.8 个百分点。

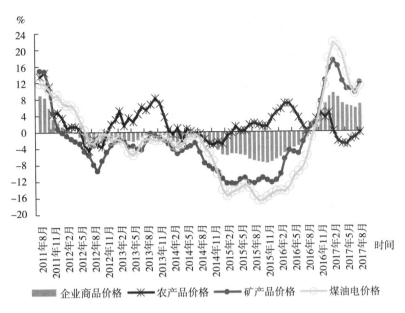

数据来源：中国人民银行。

图 3 - 8　企业商品价格走势

4. 出口价格涨幅基本稳定，进口价格涨幅明显回落

出口价格涨幅于 4 月达到 6.9%，为 2012 年 2 月以来高点，此后有所回落，但仍处于较高水平。7 月，出口价格同比上涨 5.4%，涨幅比上个月扩大 0.3 个百分点。进口价格涨幅于 2 月达到 13.9% 的高点后，涨幅逐渐回落，6 月以来回落速度加快，7 月同

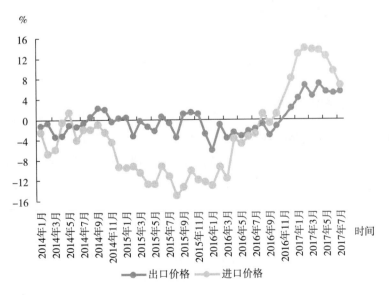

数据来源：海关总署。

图 3 - 9　进出口价格走势

比上涨 6.7%，涨幅较上个月回落 2.8 个百分点。进口价格受人民币汇率变化的影响较为明显。年初，人民币对美元仍有所贬值，5 月以来，人民币对美元升值明显，因此导致进口价格涨幅由升转降。

（二）国际大宗商品价格总体上涨

1. CRB 商品价格指数有所回升

6 月下旬以来，CRB 商品价格指数波动中有所回升，改变了年初以来的下行态势。9 月上旬末，RJ/CRB 商品价格指数为 181.17，较年内低点回升 14.67，升幅达 8.8%。

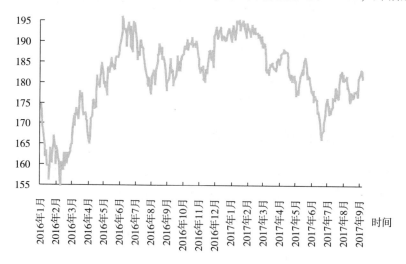

数据来源：Wind。

图 3 - 10　RJ/CRB 商品价格指数走势

2. 国际原油价格振荡反弹

经历了年初以来的振荡下跌走势后，6 月下旬以来，国际原油价格出现了振荡反弹走势。9 月上旬末，布伦特原油期货价格和 WTI 原油期货价格分别收于每桶 53.78 美元和 47.48 美元，较年内低点分别上涨 20% 和 11.6%。

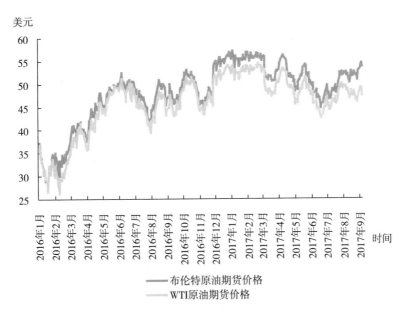

数据来源：Wind。

图 3 – 11　国际原油期货价格走势

3. 铁矿石价格走高

6月中旬以来，铁矿石价格结束2月下旬以来的下跌走势，进入上升通道。9月上旬末，普氏铁矿石价格指数（62%Fe：CFR中国北方）达到74.15美元/干吨，年内低点上涨20.15美元，涨幅达37.3%。

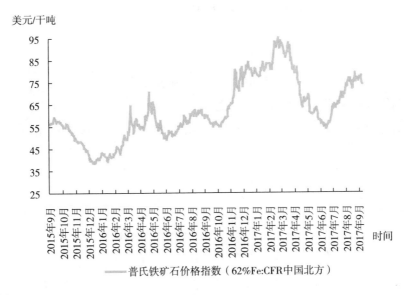

数据来源：Wind。

图 3 – 12　铁矿石价格走势

4. 主要有色金属价格振荡上扬

国际铜和铝价格分别于 5 月中旬和 8 月初开始出现较为明显的反弹行情。9 月上旬末，LME 铜和铝价格分别为每吨 6672.25 美元和 2071.50 美元，较反弹前分别上涨 22.2% 和 10%。

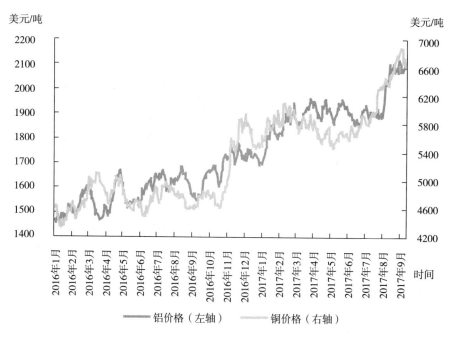

数据来源：Wind。

图 3-13　LME 铜和铝价格走势

5. 主要农产品价格有涨有跌

CBOT 大豆、玉米、小麦期货价格均于 7 月中旬结束此前的反弹行情，转为振荡下跌；稻米期货价格延续了 5 月初以来的上涨行情。9 月上旬末，CBOT 大豆、玉米、小麦期货价格分别较前期高点下跌了 6.7%、12% 和 22.5%，稻米价格较前期低点上涨 36%。

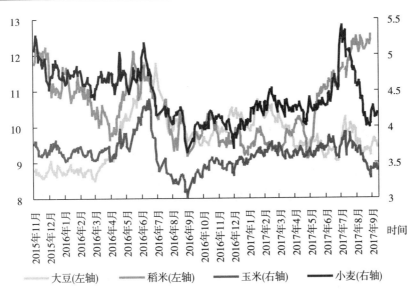

数据来源：CEIC。

注：图中大豆、玉米、小麦价格单位为美元/蒲式耳，稻米价格单位为美元/英担。

图3-14 CBOT粮食价格走势

（三）资产价格有升有降

1. 主要城市新建商品住宅价格走势趋稳

分一二三线城市看，一线城市房价环比继续下降，二三线城市房价涨幅有所回落。据国家统计局初步测算，从新建商品住宅价格看，8月，一线城市环比下降0.3%，降幅比上个月加深0.3个百分点；二线城市环比上涨0.2%，涨幅比上个月回落0.2个百分点；三线城市环比上涨0.4%，涨幅比上个月回落0.2个百分点。从二手住宅价格看，8月，一线城市环比下降0.3%，降幅比上个月加深0.2个百分点；二线城市环比上涨0.3%，涨幅比上个月回落0.1个百分点；三线城市环比上涨0.4%，涨幅与上个月持平。

分主要城市看，新建商品住宅价格环比下降或持平，二手住宅价格有涨有跌。从新建商品住宅价格看，8月，北京和上海环比跌幅均为零，北京跌幅比上个月收窄0.1个百分点，上海跌幅与上个月持平；广州环比下跌0.7%，上个月为环比上涨0.4%；深圳环比下跌0.4%，跌幅比上个月加深0.2个百分点。二线城市中的南京、杭州、武汉均环比下跌0.2%，其中南京、杭州跌幅比上个月分别加深0.1个和0.2个百分点；合肥环比下跌0.1%，上个月为环比上涨0.3%。从二手住宅价格看，8月，北京环比下跌0.9%，跌幅比上个月加深0.1个百分点；上海环比下跌0.2%，跌幅比上个月收窄0.2个百分点；广州环比涨幅为零，比上个月回落0.1个百分点；深圳环比下降0.2%，上个月为环比上涨0.6%。南京环比下跌0.1%，跌幅比上个月收窄0.1个百分点；杭州环比上涨 0.7%，涨幅比上个月回落 0.1 个百分点；武汉、合肥分别环比上涨 0.8%、0.4%，涨幅比上个月分别回落 0.3 个、0.1 个百分点。

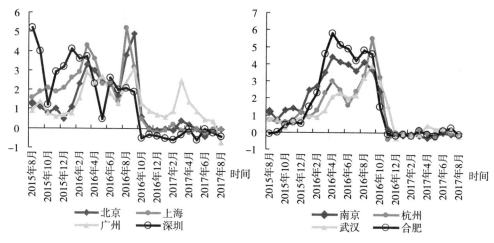

数据来源：国家统计局。

图 3 – 15　部分城市新建商品住宅价格环比变动情况

2. 股票价格振荡上升

5 月中旬以来，股票价格迎来了一轮回升行情。9 月上旬末，上证综合指数收于 3365.24 点，较 5 月 10 日上涨 312.45 点，涨幅达 10.2%；上交所平均市盈率为 18.05 倍，较 5 月 10 日提高 12.1%。

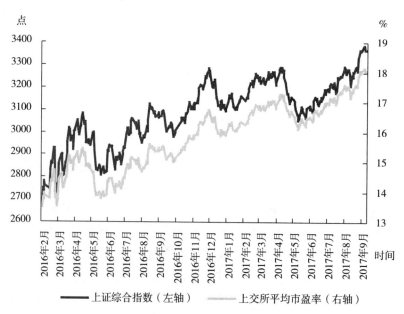

数据来源：Wind。

图 3 – 16　上证综合指数和上交所平均市盈率走势

3. 中债指数小幅走低，债券收益率有所上行

7 月下旬以来，中债总净价指数和中债国债总净价指数小幅走低，9 月上旬末分别收于 113.26 和 113.83，较 7 月 20 日分别下跌 0.7% 和 0.9%。与此同时，债券收益率显著上行，9 月上旬末，不考虑隔夜收益率，国债、政策金融债、企业债（AAA）和中短期票据（AAA）各关键期限点分别较 7 月底平均上行 5.76 个基点、17.69 个基点、9.38 个基点和 9.55 个基点。

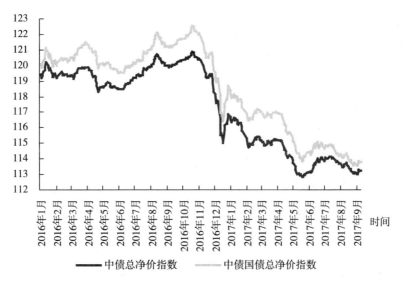

数据来源：Wind。

图 3 - 17 中债指数走势

二、成因分析

近期供给面因素对价格的推升作用较为明显。去产能和环保限产对工业生产和价格产生影响，加之国际油价等大宗商品价格上涨，导致 PPI 涨幅回升。总需求增长态势有所放缓，但补库存及上游部分工业品需求较旺为工业品价格提供了支撑。高温、强降雨天气以及周期性、季节性等因素影响了鲜活农产品的供给，使得食品价格回升、同比涨幅收窄；价格改革以及上游价格传导等因素推动非食品价格保持较高涨幅，食品与非食品价格共同影响 CPI 涨幅回升。

（一）供给面因素对价格的推升作用较为明显

1. 去产能和环保限产对价格产生冲击

2016 年以来，供给侧结构性改革的政策效果逐渐显现，煤炭、石油、黑色金属、有色金属等行业的资源得到重新配置，落后产能逐渐退出，上游工业品的市场供需格局调整，推动了 PPI 回升。2017 年以来，去产能工作继续推进。截至 7 月末，钢铁去产能进展顺利，"地条钢"依法取缔，煤炭行业去产能完成 1.28 亿吨。与此同时，环保核查力度加强。2017 年 3 月以来，环保部等相关部委及地方政府联合制订了《京津冀及周边地区 2017 年大气污染防治工作方案》，对京津冀及周边地区"2 + 26"城市开展大气污染防治强化督查，加大钢铁企业限产力度，实施电解铝、化工类企业错峰生产。绝大部分省份出台了包括错峰生产、环保督查在内的多项限产措施，利用环保、能耗指标考核，处置或关停不达标企业和产能。

去产能及环保限产力度加大的政策效果叠加，在一定程度上对工业及其他行业生产形成了冲击。2017 年 7 月、8 月，规模以上工业增加值同比分别增长6.4%和6%，比6月分别下滑1.2个和1.6个百分点。其中，采矿业增加值同比分别下降1.3%和3.4%，跌幅比6月扩大1.2个和3.3个百分点。主要工业品产量供给增速放缓或供给减少。其中，2017年7月、8月，原煤产量同比分别增长8.5%和4.1%，比6月分别下降2.1个和6.5个百分点。铁矿石、有色金属、水泥等供给减少，8月同比分别下降0.5%、2.2%和3.7%。此外，近期养殖业环保治理力度加强、部分地区开展餐饮业环保专项整治以及食品安全检查，对生猪供应和餐饮服务也有所影响。

去产能及环保限产等措施主要推动了上游工业品价格上涨，而下游工业品及消费品的价格受到的冲击相对较弱。从价格的结构性变化看，中上游价格涨幅较高，而下游价格相对稳定，涨幅呈自上而下逐级收窄的分化局面。分类别看，2017年8月，生产资料PPI环比、同比均较7月提高1个百分点，其中，采掘业PPI同比涨幅由7月的15.8%升至18.2%，回升幅度最高，原材料工业、加工工业价格的回升幅度依次降低。而生活资料PPI环比、同比仅均较7月提高0.1个百分点。

2. 石油等大宗商品价格回升推高了PPI涨幅

受OPEC国家继续执行减产协议、委内瑞拉政治危机、墨西哥湾飓风等因素影响，全球原油产量下降。而与此同时，主要经济体经济状况好转、全球制造业回暖，原油需求持续增长。供需格局调整加之美元走弱等因素导致近期油价振荡反弹。在原油价格上升带动下，铁矿石等大宗商品价格也出现上涨，并通过贸易等多渠道影响国内能

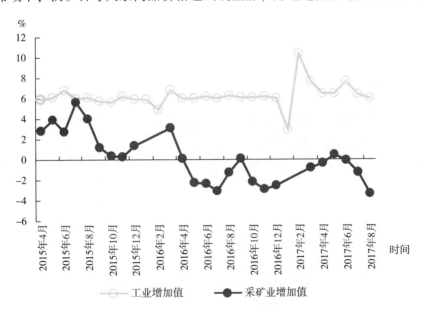

数据来源：Wind。

图3-18 规模以上工业增加值及采矿业增加值同比变化情况

源、化工等相关行业的商品价格上涨。此外，根据国内现行成品油价格形成机制，7月、8月汽油和柴油分别累计上调 250 元/吨和 240 元/吨。8 月，石油和天然气开采业，石油加工、炼焦及核燃料加工业价格环比由负转正，分别上涨 2.6% 和 3.3%；同比分别上涨 15.7% 和 16.8%，涨幅有所扩大。

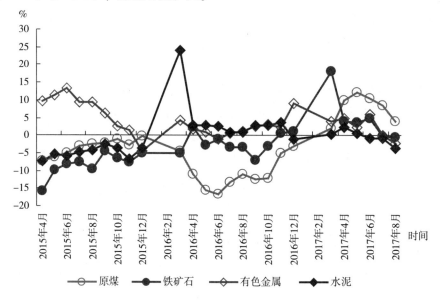

数据来源：Wind。

图 3 - 19　主要工业品产量同比变化情况

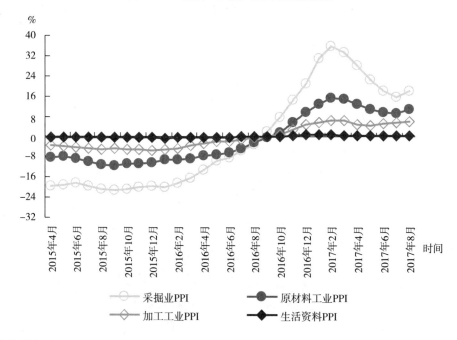

数据来源：Wind。

图 3 - 20　上、中、下游工业品价格变化情况

（二）总需求增长有所放缓，对价格的影响减弱

随着房地产调控政策及防风险政策的进一步实施，经济政策对总需求的刺激作用有所减弱，近期出口反弹势头也有所回落，总需求增长态势有所放缓。

1. 投资增速小幅减缓

投资增速延续 3 月以来的放缓趋势。1~8 月，全国固定资产投资累计同比增长 7.8%，增速比上半年放缓 0.8 个百分点，比上年同期下滑 0.3 个百分点。民间固定资产投资增速在第一季度明显回升后，第二季度以来也有所回落，1~8 月累计同比增长 6.4%，增速比上半年放缓 0.8 个百分点。

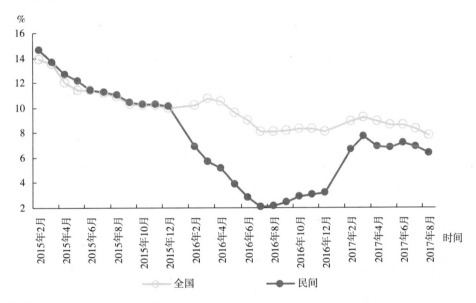

数据来源：Wind。

图 3-21　全国及民间固定资产投资累计同比增速变化情况

基建投资增速连续下滑。受年初 PPP 项目集中落地的影响，2017 年 1~2 月，基建投资（不含电力，下同）大幅增长 27.3%。但随后几个月受财政支出增速放缓、财政部发文规范地方政府融资、PPP 落地时间延长等因素影响，基建投资增速明显回落。2017 年 6 月以来，基建投资增速继续下滑。同年 1~8 月，基建投资累计同比增长 19.8%，增速比上半年低 0.3 个百分点。

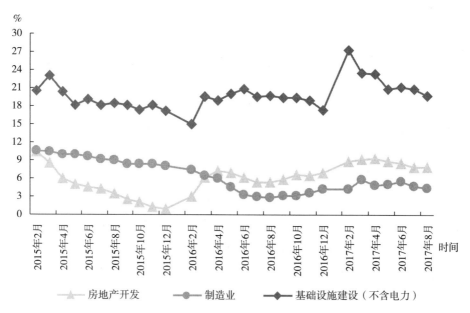

数据来源：Wind。

图 3－22　三大固定资产投资累计同比增速变化情况

房地产开发投资增速放缓。随着一二线城市以及热点城市房地产调控政策频繁加码、限购、限贷、限售力度不断加强，房地产销售走弱，并向投资端传导。1～8 月，房屋新开工面积累计同比增长 7.6%，比上半年下降 3 个百分点，比上年同期下降 4.6 个百分点；房地产开发投资累计同比增长 7.9%，增速比上半年放缓 0.6 个百分点，其中住宅投资累计同比增长 10.1%，增速比上半年放缓 0.1 个百分点。

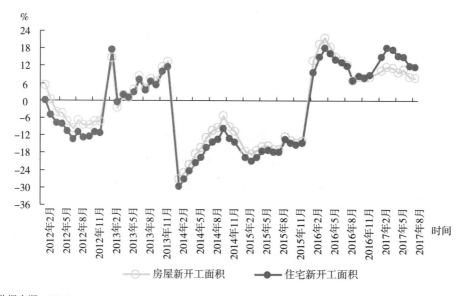

数据来源：Wind。

图 3－23　房屋新开工面积和住宅新开工面积累计同比变化情况

制造业投资增速下降。 2016年下半年以来,受企业盈利有所改善、外向型企业出口形势好转、稳增长及扩大民间投资等政策影响,制造业投资增速有所回升。但传统行业产能过剩的矛盾依然突出,制造业投资信心依然不足。2017年1~8月,制造业投资累计同比增长4.5%,比上半年下降1个百分点。

2. 消费增速反弹后回调

2017年初,社会消费品零售总额的增速仍延续了过去几年逐年下台阶的规律,但受前期商品房销售增加、车辆购置税优惠政策等因素影响,3月后,增速明显反弹。然而,随着商品房销售增速放缓、政策影响减弱,下半年以来消费需求增速连续下滑。7月、8月,社会消费品零售总额名义同比分别增长10.4%和10.1%,比6月分别回落0.6个和0.9个百分点;实际同比分别增长9.6%和8.9%,比6月分别降低0.4个和1.1个百分点。

商品零售增长乏力。 近期社会消费品零售总额增速回落主要受商品零售增速下降的影响。2017年7月、8月商品零售同比分别增长10.3%和10.1%,年内仅高于1~2月同比增速。从分项看,受商品房销售增速放缓的影响,与居住相关的商品消费增速回落。2017年7月、8月,家具类同比分别增长12.4%和11.3%,比6月分别下降2.4个和3.5个百分点;建筑及装潢材料类同比分别增长13.1%和8.8%,比6月分别下降2.1个和6.4个百分点。受优惠政策调整及上年基数较高等因素的影响,汽车类商品零售增速也出现回落,7月、8月同比分别增长8.1%和7.9%,比6月分别下降1.7个和1.9个百分点。

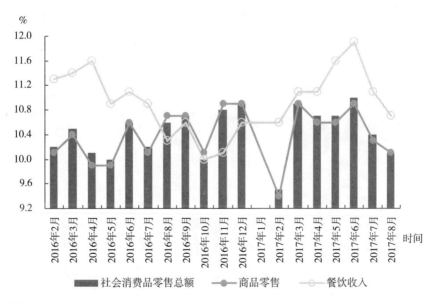

数据来源:Wind。

图3-24 社会消费品零售总额及分项当月同比增速变化情况

餐饮收入增速放缓。餐饮收入增速由升转降对社会消费品零售总额的增长也有影响。7 月，餐饮收入增速结束了之前的连续回升态势，出现明显下降，7 月、8 月餐饮收入同比分别增长 11.1% 和 10.7%，比 6 月分别回落 0.8 个和 1.2 个百分点。

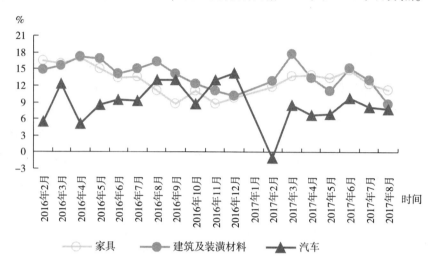

数据来源：Wind。

图 3 - 25　限额以上单位商品零售当月同比增速变化情况

3. 出口增速有所回落

2016 年下半年后，世界经济复苏中的积极因素增加，主要经济体经济增长形势向好，我国出口持续改善。但 2017 年下半年以来，受美国对中国启动贸易调查以及人民币汇率升值等因素影响，出口增速有所放缓。2017 年 7 月、8 月，我国出口金额（美元

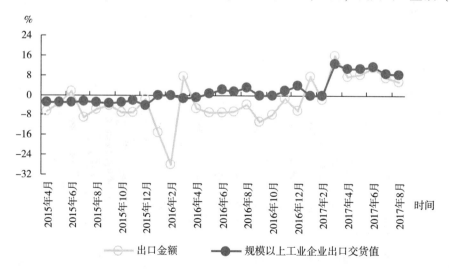

数据来源：Wind。

图 3 - 26　出口总额及规模以上工业企业出口交货值同比增速变化情况

计价）同比分别增长 7.2% 和 5.5%，比 6 月分别下滑 4.1 个和 5.8 个百分点。规模以上工业企业出口交货值同比分别增长 8.6% 和 8.2%，比 6 月分别降低 3.1 个和 3.5 个百分点。从主要贸易伙伴出口看，对美国和欧盟的出口增速在 6 月达到高点后有所回落，对日本的出口增速在 8 月回落明显，但对东盟的出口增速回升。

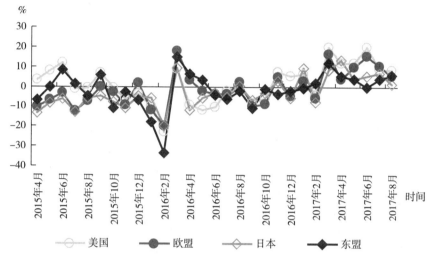

数据来源：海关总署。

图 3 - 27 我国对主要贸易伙伴出口同比增速变化情况

（三）补库存及上游部分工业品需求较旺为价格提供支撑

自 2017 年以来，随着工业品价格回升，企业效益好转，部分企业继续回补原材料库存，适度增加产成品库存。从 5000 户工业企业的调查数据看，2016 年 5 月以来，我国工业企业进入了 2000 年以来的第六轮存货周期，当前企业存货仍处于扩张阶段。从上下游行业的存货变动看，下游行业仍处于主动加库存，上游行业处于被动减库存阶段。受此影响，原材料价格上涨动能以及企业转移原材料价格上涨的能力有所增强。

同时，部分工业品需求相对稳定。虽然房地产投资和基建投资增速较年初有所回落，但对相关投资品的需求仍在延续。此外，货币化棚改对于三四线城市房地产去库存，以及拉动当地房地产投资的影响十分明显，对钢材、建材、化工等产品的需求仍在增长。

补库存及部分投资品需求较旺，再加之去产能与环保要求加强，推动了煤炭、钢铁、水泥等部分工业品价格上涨。8 月，煤炭开采和洗选业、黑色金属矿采选业、有色金属矿采选业、黑色金属冶炼及压延加工业、有色金属冶炼及压延加工业价格环比分别上涨 1.3%、3.4%、1.7%、4.4% 和 3.7%，同比分别上涨 32.1%、14.1%、

11.2%、29.1%和16.3%。

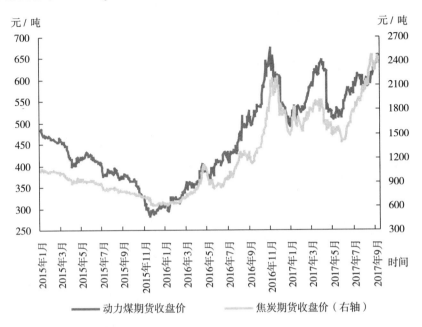

数据来源：Wind。

图 3 - 28　煤炭价格变化情况

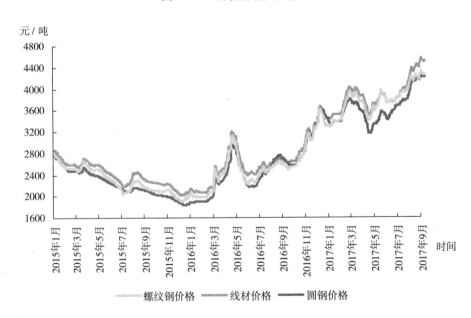

数据来源：Wind。

图 3 - 29　钢铁价格变化情况

（四）天气和周期性因素等影响食品价格跌幅收窄

1. 高温多雨天气导致鲜菜价格同比涨幅回升

2017年夏季，全国大范围地区持续高温多雨，影响鲜菜生长，并导致储运成本增加，鲜菜价格上涨。从7月开始鲜菜价格环比由负转正，7月、8月环比分别上涨7%和8.5%。受基期因素影响，2017年6月鲜菜价格同比由负转正，7月、8月涨幅继续扩大，分别为9.1%和9.7%。

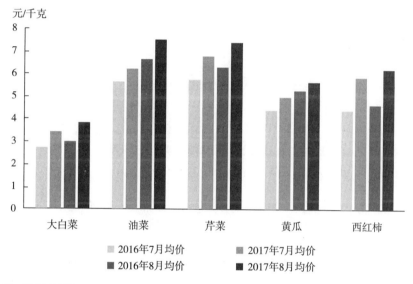

数据来源：国家统计局。

图3-30　50个城市主要鲜菜平均价格变化情况

2. 周期性、季节性等因素影响猪肉及蛋类价格回升

受前期大规模补栏影响，2017年上半年生猪出栏较为集中，同比增长0.7%，远高于2015年、2016年同期的 -5.1% 和 -4.4%。生猪集中出栏引起猪肉价格自2017年2月以来不断下跌。6月下旬以来，生猪出栏有所放缓，加之季节性因素影响，猪肉价格转为窄幅振荡，并于7月下旬开始波动上涨。猪肉价格环比涨幅由6月的 -3.4%回升至7月的 -0.7%，8月进一步回升至1.3%，同比涨幅由6月的 -16.7% 逐月回升至8月的 -13.4%。尽管高基数效应导致猪肉价格7月、8月同比跌幅仍较大，但对食品价格下降的拉动作用有所减弱。

自2017年夏季以来，受高温天气的影响，蛋鸡产蛋率下降，储运成本提高，加之前期价格低位引致蛋类供给减少，近期蛋类价格止跌回升。2017年6月蛋类价格环比由负转正，至 8 月环比上涨 13.5%，为 2008 年以来的最高涨幅。在新涨价因素的影响下，蛋类价格同比降幅不断收窄，并于 8 月由负转正，同比上涨 4.3%。

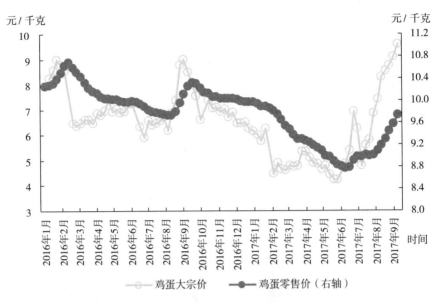

数据来源：Wind。

图 3-31　鸡蛋大宗价和鸡蛋零售价变化情况

（五）价格改革及上游价格传导推动非食品价格上涨

医疗价格改革是近期非食品价格上涨的主要影响因素。自 2016 年以来，伴随价格改革的推进，尤其是医疗服务价格谈判机制逐步完善、市场化的医疗服务价格形成机制的逐步建立，此前受到管制的部分服务价格上涨。2017 年 7 月、8 月，医疗保健价格同比分别上涨 5.5% 和 5.9%，不断刷新 20 年来的最高点。其中，医疗服务价格受医疗价格改革的影响上涨尤其明显。从 36 个城市医疗服务价格看，7 月、8 月诊疗费、注射费、化疗费等价格同比涨幅超过 20%，手术费、床位费等价格同比涨幅也在 10% 以上。此外，自 2015 年 6 月药品价格放开后，中、西药价格同比涨幅一直呈现较高水平，近期都在 6% 左右的水平。

前期房价上涨、石油等大宗商品价格回升等因素向下游产业传导，也带动相关消费品和服务价格上涨。一是 2016 年房价大幅上涨的影响向租房市场传导，居住类价格维持较高增速，7 月、8 月租赁房房租价格同比涨幅分别为 2.9% 和 3%。二是石油价格回升推动能源类消费价格上涨。2017 年 7 月、8 月，交通工具用燃料价格同比分别上涨 1.2% 和 7%，涨幅较上年同期扩大 7.5 个和 10.7 个百分点；居住类水电燃料价格同比分别上涨 1.4% 和 1.9%，涨幅较上年同期扩大 1.9 个和 2.5 个百分点。

三、趋势展望

年内供给端冲击的边际影响可能减弱，总需求仍有小幅下滑的可能性，供需缺口将维持基本稳定，为价格稳定提供基础。工业品价格持续上升的可能性较小，受基期因素影响，同比涨幅可能下降。由于供给调整及季节性因素影响等原因，猪肉价格将维持总体上涨的态势，鲜菜价格也有可能波动，但食品价格上涨幅度可能有限。非食品价格涨幅可能继续保持基本稳定。预计2017年全年CPI上涨约1.8%，PPI上涨约6%。

（一）供需缺口或将基本稳定，为价格稳定提供基础

1. 总需求存在小幅下滑可能

（1）先行指标显示经济状况有所分化

作为宏观经济先行指标的"克强指数"在2017年5月达到低点后连续两个月回升，7月为15.49。8月中采PMI为51.7，较上个月回升0.3个百分点；财新中国PMI为51.6，较上个月提高0.5个百分点，两者短期趋同，且均处于年内次高点。不过，8月非制造业商务活动PMI为53.4，较上个月大幅回落1.1个百分点，处于年内最低点。其中，建筑业指数为58，较上个月下降4.5个百分点；服务业指数为52.6，较上个月回落0.5个百分点。由此来看，建筑业和服务业发展势头或将有所减缓。

（2）固定资产投资增速或有可能小幅下滑

基建投资增速可能继续回落。支撑基建投资增速的主要因素包括：一是PPP项目落地为基建投资提供了新的支撑。根据财政部PPP中心公布数据，截至2017年6月末，已经签约落地项目2021个，总投资额达3.3万亿元，落地率达到34.2%。二是2017年6月财政部印发了《关于试点发展项

目收益与融资自求平衡的地方政府专项债券品种的通知》，地方政府专项债券融资途径拓宽。

但受财政收支矛盾加大以及资金来源后续乏力等因素的影响，基建投资增速可能继续下滑。一是受 2017 年上半年财政支出水平较高的影响，基建投资的财政资金来源可能面临较大压力。1～8 月，全国一般公共财政支出累计同比增长 13.1%，占到全年预算的 67.5%，高于 2016 年同期的 64.2% 和过去五年平均 59.6% 的水平。财政支出提前会对后期支出产生较大压力。二是随着《关于进一步规范地方政府举债融资行为的通知》与《关于坚决制止地方以政府购买服务名义违法违规融资的通知》两个监管文件的作用逐步显现，地方政府基建投资资金的来源受到明显影响。三是随着楼市调控政策继续加码，房地产销售增速出现持续下滑，与之相关的增值税、契税等房地产相关税收收入或将有所下滑。

房地产投资增速可能缓慢下行。一些因素可能导致房地产投资增速继续下滑。一是一二线城市房地产调控政策继续升级，房地产销售增速将持续下滑，并进一步向投资端传导，抑制房地产开发投资意愿。二是三四线城市房地产销售也可能逐步回落。虽然前期棚户区改造的货币化安置助推了三四线城市房地产市场的繁荣，但随着全国房贷利率水平的普遍上涨，以及三四线城市棚改货币化安置任务的逐步完成，三四线城市的房地产需求可能下滑，对房地产投资产生影响。2017 年全国计划新开工棚户区改造 600 万套，前 7 个月已经开工 470 万套，占年度目标任务的 78%，完成投资 1.17 万亿元，下半年棚改政策对房地产投资的拉动作用存在减弱的可能。三是房地产的资金来源渠道收窄。在金融去杠杆的大背景下，银监会对房地产融资渠道监管全面趋严，房地产企业融资难度进一步提高，可能抑制房地产投资增长。1～8 月房地产开发企业到位资金累计同比增长 9%，较 1～6 月回落 2.2 个百分点，较 2016 年同期大幅下降 5.8 个百分点。其中，来自定金及预收款的资金累计同比增长 20%，个人按揭贷款资金累计同比增长 2.4%，分别较 1～6 月回落 2.7 个和 4.3 个百分点。

不过，住宅用地供给的增加可能延缓房地产投资的下滑速度。按照住建部和国土资源部 2017 年 4 月《关于加强近期住房及用地供应管理和调控有关工作的通知》的要求，房价上涨压力大的城市将继续增加住宅用地，有可能为房地产开发投资增长提供支撑。1～8 月，100 个大中城市土地供应数量累计 8510 宗，较 2016 年同期增加 313 宗；供应土地占地面积 37694.74 万平方米，较 2016 年同期增加 3569.73 万平方米。

制造业投资增速有可能低位企稳。诸多有利因素可能会支撑制造业投资增速企稳。一是企业减税降费政策仍将持续发力。为了实现本年度减税降费达到万亿元人民币的目标，国家出台了一系列的政策措施，将持续降低企业税费成本。二是高端制造业依然保持强劲发展势头。大数据、云计算、物联网、智能机器人等高端制造业将继续保持高速发展，为制造业投资增速提供新的支撑。三是民间投资环境持续改善。2017 年

9月15日，国务院印发了《关于进一步激发民间有效投资活力 促进经济持续健康发展的指导意见》，将有效助推民营制造业投资增长。此外，出口和消费保持相对稳定增长，也为制造业投资增长提供了支持。

但一些因素仍然制约制造业投资增速回升空间。一是制造业总体需求不足、产能过剩的矛盾依然存在，仍将抑制制造业投资增速回升空间。二是环保监管将持续推进，可能短期内在一定程度上影响传统制造业投资增长。三是企业利润增速继续呈放缓趋势，可能影响制造业企业的投资意愿和能力。

（3）出口增速或将放缓

从先行指标看，8月，中国外贸出口先导指数为41.9，与上个月持平；出口经理人指数为44.7，较上个月回落0.2；中采PMI新出口订单指数由6月的52下降到7月的50.9和8月的50.4，显示了出口增速仍有可能放缓。

出口形势存在有利的一面。一是美国、欧洲和日本等主要发达国家和地区的PMI指数持续上升，预示着外部需求继续回暖，将为我国保持良好的出口形势提供支撑。二是伴随"一带一路"倡议的持续推进，国际产能合作、对外经贸合作范围扩大、力度加强，将继续带动我国商品出口增长。三是新兴经济体之间合作进一步加深，也将为出口增长提供新的支撑。在金砖国家领导人第九次会晤期间，新兴经济体在经贸等领域达成了多项合作成果，有望为我国出口提供新的增长点。

但需要注意的是，我国出口增长仍存在不确定性。一是全球经济复苏的过程仍可能出现波折。美国、欧元区、日本等经济复苏依赖于宽松的货币金融环境，深层次问题仍有待解决。伴随宽松货币政策总体上的转向，主要经济体经济增速仍可能出现波动，影响我国出口的改善程度。二是反全球化、贸易保护主义和民粹主义思潮等依然存在，贸易摩擦仍可能影响全球贸易增长。美国2017年8月14日宣布根据《1974年贸易法》第301条在涉及技术转让、知识产权和创新领域对中国正式启动贸易调查，美国对华贸易存在不确定性。三是我国出口企业进一步提高出口竞争力的难度较大。从长期看，企业成本趋于上升；从短期看，近期汇率升值及国内环保限产力度加强等因素也可能增加出口企业的成本。

（4）消费增长或将继续保持相对平稳

目前，传统消费相对平稳，新兴消费需求逐步扩张，对消费平稳增长具有良好支撑。一是新兴高端消费保持快速发展势头。随着收入水平的提高和消费观念的转变，旅游、文化、教育等个性化和高端化的新兴消费领域持续快速发展，为消费增长提供了新的支撑。二是信息消费需求增长空间较大。2017年8月国务院印发了《关于进一步扩大和升级信息消费持续释放内需潜力的指导意见》，将助推信息消费需求提升。三是全国各地城乡基本公共服务均等化"十三五"规划陆续出台，乡村消费增速将持续提高，为消费平稳增长提供了支撑。四是2017年以来居民收入增长情况有所改善，消费意愿增强。

但消费增长也可能受到一些因素的制约。一是房地产调控政策持续加码，房地产销售增速可能继续下滑，对家具、家电、建筑装潢类等消费产生抑制作用。二是汽车消费增长仍将低迷。从 2017 年起，1.6 升及以下排量的乘用车购置税减半政策结束，开始执行 7.5% 的购置税税率，考虑到 2016 年下半年较高的汽车消费基数，预计未来汽车消费增速仍将较低。三是前期房价大幅上涨造成居民负债增加，有可能制约居民的消费能力。

2. 供给侧结构性改革对价格的冲击或将减弱

（1）去产能工作顺利推进，对供给的影响有可能减小

2017 年的政府工作报告中明确指出，2017 年要再压减钢铁产能 5000 万吨，退出煤炭产能 1.5 亿吨以上。在全国各地有关部门的共同努力下，去产能工作取得了积极进展和成效。截至 2017 年 7 月末，全国钢铁去产能的目标已经完成，"地条钢"被依法取缔；煤炭行业去产能任务完成 85%。年内全国各地去产能压力大幅度减小，在继续推进淘汰落后产能的同时，有可能会进一步加快释放优质产能，使去产能带来的影响减弱。

（2）环保限产政策将继续实施，但边际影响可能趋于稳定

2017 年 8 月，环保部开展了第四批中央环保督查工作，通过考核环保、能耗、安全等指标，对不达标的企业坚决依法依规处置和关停。此外，8 月，《2017—2018 年京津冀及周边地区大气污染防治强化督查方案》《京津冀及周边地区 2017—2018 年秋冬季大气污染综合治理攻坚行动方案》等政策措施陆续出台。9 月 15 日起，环保部开展京津冀及周边地区秋冬季大气污染综合治理攻坚行动巡查工作。部分工业企业面临停产整顿或错峰生产，将对企业产生持续影响。但政策进一步加码的空间有限，且基于目前环保限产政策带来的冲击，有关部门和企业也可能会采取相应的措施，加快调整产业结构的步伐。

（3）降成本和补短板等措施的进一步落实，将有利于价格稳定

2017 年政府工作报告中指出，要多措并举降成本，使企业轻装上阵，并提出了一系列新的降成本措施，包括降低企业税费负担以及减少制度性交易成本等。截至 2017 年上半年，规模以上工业企业每百元主营业务收入中的成本和费用分别为 85.69 元和 7.29 元，同比分别减少 0.02 元和 0.35 元。按照党中央、国务院决策部署，下一步将落实好各项减税降费措施，着力建立长效机制，综合施策降低融资、用电、人力、物流等生产要素成本，推动降低制度性交易成本工作取得更大进展。降成本工作的持续推进将有利于价格稳定。

补短板工作也有助于减缓价格上涨的压力。2017 年上半年各地区各部门从制约经

济发展的重要领域和关键环节入手，围绕公共服务、基础设施和脱贫攻坚等领域，扩大有效投资，加快建设进度。1～8月公共设施管理业、道路运输业、水利管理业、农业投资同比分别增长24.3%、24.1%、17.6%和16.1%。根据政府工作安排，下半年将加大补短板力度，改善供给质量。随着补短板工作的加快落实，将会减小某些领域的供给制约，减轻价格上涨压力。此外，"双创"的继续推进也会进一步在一些方面改善供给，降低成本。

总体来看，供给侧结构性改革将继续推进，去产能和环保限产对价格的冲击会逐步减弱，而降成本和补短板等因素对价格的影响有可能逐步显现。

（二）预计PPI同比涨幅将会放缓

1. 中上游工业品价格上涨动力不足

从需求端看，上下游行业工业品需求出现分化。在中上游行业盈利改善、库存下滑等因素影响下，企业有增加原材料投资的意愿。截至2017年7月，工业企业主营业务收入累计增速为13.1%，高于2012年以来历史同期增速，存货、产成品存货累计同比增速连续3个月下降。在盈利改善及库存去化作用下，部分中上游工业企业短期内或将回补库存，有利于工业品需求维持平稳。但下游行业对工业品需求将有所下滑，8月房地产新开工面积增速、基建投资完成额增速均出现回落，未来受三四线城市棚改货币化力度减弱、地方财政收支矛盾加剧等因素影响，房地产和基建投资将延续回落态势，对钢材、有色金属等工业品需求也将有所减弱。但基于总需求基本稳定，或有小幅下滑可能的分析，下游工业品需求大幅下滑的可能性不大。

从供给端看，去产能和环保治理将继续对国内主要工业品供给形成刚性约束，但考虑到政策实施效果在前期已大部分释放，预计年内工业品供给进一步收缩的空间有限，总体将维持相对平稳。综合供需两端情况，国内工业品价格不具备持续较快上涨的可能性。高频数据显示，9月南华工业品指数已出现走弱迹象，预计年内国内工业品上涨趋势将有所放缓。

2. 国际大宗商品价格将维持振荡缓升态势

近些年来，以石油为代表的国际大宗商品供需格局发生了很大变化。从需求端看，中长期内发达经济体增长放缓，对大宗商品的需求下降，新兴市场逐渐成为大宗商品需求的主要引擎，加之传统能源的能效增强，可再生能源对传统化石能源的替代性不断提高，国际大宗商品需求增长总体上呈放缓趋势。从供给端看，过去多年内，全球大宗商品产能不断增加，随着北美地区页岩油气的崛起，石油供应格局朝着多极化趋势发展。供需势两端的变化使国际大宗商品价格难以出现过去持续大涨的局面。近期，全球复苏形势好转，大宗商品需求回升，但总体而言，大宗商品的需求增长有限。在需求回升，价格上涨的刺激下，大宗商品的产能也会相应释放。因此尽管目前大宗商品价格存在一定的上涨压力，但预计整体涨幅上升空间不大。此外，考虑到美联储可能缩表、加息等因素，美元指数下降空间有限，对大宗商品价格上涨的影响趋于减少。地缘政治因素等仍可能影响大宗商品价格波动，预计大宗商品价格将维持振荡缓升态势。

具体而言，在原油方面，8 月，EIA 下调了原油产量预期，并上调了需求预期。受"哈维"飓风影响，美国炼厂产能利用率降至 2010 年以来最低位，墨西哥湾炼油产能处于停产状态，供给减少推升原油价格上涨。考虑到飓风过后油厂将逐步复工，整体上预计原油价格不具备大幅上涨的基础。在金属方面，主要工业金属库存处于低位，LME 铝、铅和锌库存均位于 2010 年以来的历史低位附近，LME 铜库存位于相对低位。在短期供给难以明显增加的背景下，低库存将有利于主要工业品价格回升。但受制于需求因素，主要工业金属价格大涨的可能性不大，预计将维持振荡上涨态势。在国际农产品方面，美国农业部 8 月的《全球农产品供需评估报告》对农产品价格走势大致看空，不再强调近期天气因素对产量的影响，国际农产品价格大多随之走弱。总体而言，国际农产品价格将维持基本稳定。

（三）食品价格对 CPI 的拉动作用有限

1. 猪肉价格将维持温和上涨态势

从供给端看，预计生猪供给将有所收缩。受 6 月、7 月能繁母猪存栏环比跌幅扩大影响，生猪产能已处于历史低位。据农业部发布的监测数据，当前国内母猪存栏量约为 3500 万头，远低于行业公认的 4000 万头的供需平衡水平，显示未来猪肉供给存在较大缺口。受环保限产因素影响，生猪养殖企业在 2017 年第四季度进一步扩大产能的力量有限。同时考虑到 2017 年末是禁养区养殖户或专业户整顿的最后期限，目前四川、山东、海南、浙江、吉林等省已陆续出台相应整顿措施，随着养殖业治理力度的加大，未来一段时间生猪存栏量、能繁母猪存栏量将可能维持在历史低位，且不排除进一步下滑的可能。不过，随着散养户的逐渐退出，生猪养殖业的规模化水平仍在持续提升，专业化生产和生产效率提升可能会提高养殖企业的生猪出栏量，因此生猪供给可能并不会出现持续大幅下跌情况。从需求端看，天气逐步转凉，"国庆""中秋"双节来临，猪肉消费需求也可能增长。

综合供需两端因素，猪肉价格总体上趋于回升。但考虑到近些年来猪肉消费较为平稳，规模化养殖使得猪周期平缓化，猪肉价格上涨的幅度也不会很大。再加上2016年第四季度猪肉价格仍处于高位，预计猪肉价格同比跌幅将逐步收窄，对CPI同比的拖累减弱。

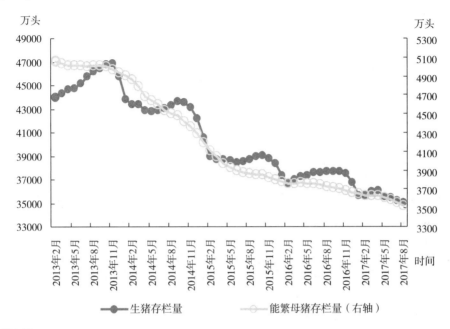

数据来源：Wind。

图3-32 生猪存栏量和能繁母猪存栏量变化情况

2. 鲜菜价格涨幅仍将出现波动

从鲜菜价格的历史走势看，9月、10月鲜菜价格一般处于年内低点，11月、12月价格出现反弹回升。由于蔬菜产量回补相对容易，鲜菜价格环比上行一般仅能持续2～3个月。从目前情况看，鲜菜价格已出现下行趋势。随着入秋后天气基本正常和雨水减少，运输成本也随之降低，未来鲜菜价格上涨动力不足。不过，鲜菜价格波动主要受气候因素影响，未来仍具有较大的不确定性。如果不考虑极端天气情况，预计9月以后鲜菜价格涨幅或将有所回落，11月受季节因素影响再次回升，年内鲜菜价格涨幅仍将出现波动，但总体上对CPI的影响不大。

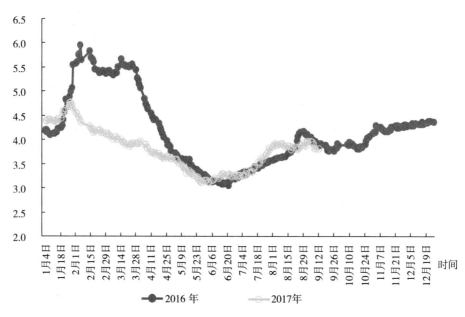

数据来源：Wind。

图 3 - 33　农业部 28 种重点监测蔬菜平均批发价格指数变化情况

3. 粮食价格有可能保持低位平稳

国内粮食供给维持整体宽松格局。从主要粮食作物看，小麦、稻谷和玉米对外依存度较低，价格主要由国内市场供需情况决定。其中，小麦和稻谷近期产量维持平稳增长，由于消费量稳中趋降，库存逐年增加使价格存在下行压力，但政府收储政策会对市场价格形成一定支撑。2017 年玉米播种面积调减 1000 万亩，预计可能出现自 2011 年以来首次供不应求的局面，但考虑到目前国家玉米剩余库存仍有近 2 亿吨，高库存将带来一定抛储压力，短期内玉米价格不具备大幅上行的基础。大豆对外依存度较高，国内市场价格受国际大豆价格走势影响较大。目前，全球大豆市场整体供给较为宽松，根据美国农业部测算，2017 年全球大豆产量仍高于消费量，库存消费比也处于历史高位。国内方面，各地加强环保检查力度，东北、华北、山东等省已有部分大豆压榨厂停机或限产，对大豆的需求有可能进一步下滑，制约大豆价格上涨。总体来看，国内粮食价格维持低位平稳运行的可能性较大。

（四）非食品价格将保持温和上涨

从长期趋势看，服务价格是影响非食品价格上涨的主要因素。随着我国经济结构调整和居民收入水平的持续提高，非食品中服务类项目对 CPI 的贡献率会继续上升。

一是成本上升将推高服务价格。服务业的持续扩张加大了对劳动力的需求，与之对应的是，劳动年龄人口缺口逐年放大。2017 年第二季度我国就业市场总体呈现供不应求的状态，求人倍率达到 1.11，同比提高 0.06。劳动力缺口将推动服务成本上升，并进一步拉动服务价格上涨。二是居民收入提高和生活条件改善推升服务价格。长期看，居民可支配收入提高推动居民消费结构加速调整，对服务类需求将不断增长，并推动服务价格及非食品价格上涨。

从短期走势看，受价格改革和 PPI 涨幅趋缓因素影响，非食品价格将保持温和上涨态势。一是价格改革仍将推动非食品类价格上涨。服务价格尤其是医疗保健价格呈刚性特征，受医疗服务价格改革加速推进影响，医疗保健价格已实现连续 29 个月上涨。年内医改仍将持续深化，预计医药价格仍将有所上涨。但考虑到医疗价格上涨仍将以居民承受力为前提，未来上涨空间也应该有限。此外，教育、交通运输等领域依然是改革重点，随着市场定价机制的形成和完善，也有可能助推非食品价格上涨。二是水、电、燃料价格仍会在一定程度上推动非食品价格上涨。考虑到能源价格有可能会振荡上升，交通和通信等非食品价格也存在上涨的可能。三是居住类价格有可能趋于稳定。一方面，考虑到政府对于房地产领域的调控仍然延续，居住类价格持续上涨可能性不大；另一方面，政府大力推动住房租赁市场发展，对租金价格上涨也将产生一定的抑制作用。

（五）价格变动趋势预测

1. 预计 2017 年全年 CPI 涨幅为 1.8％左右

根据对未来经济走势和影响因素的分析，以及计量经济模型基于已有数据的模拟预测，在假定没有重大冲击的情形下，我们维持第一、第二季度报告的判断，即由于食品价格的波动，CPI 同比涨幅在 2017 年上半年处于较低水平，下半年将略有上升，全年 CPI 涨幅在 1.8％左右。

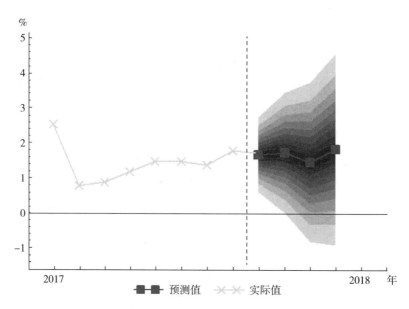

数据来源: 2017 年 8 月及之前数据来源于国家统计局, 9 月及之后的数据为预测值。

图 3 - 34　CPI 同比涨幅预测

2. 预计 2017 年全年 PPI 涨幅为 6% 左右

2017 年第一、第二季度报告预计 2017 年 PPI 同比涨幅将逐步收窄, 但受政策冲击的影响, 8 月 PPI 同比涨幅超过预期。据此, PPI 同比涨幅收窄的步伐可能放缓, 估计 2017 年 PPI 同比涨幅在 6% 左右。

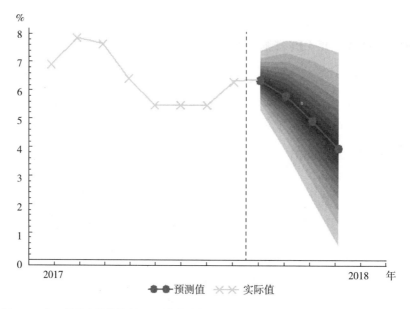

数据来源: 2017 年 8 月及之前数据来源于国家统计局, 9 月及之后的数据为预测值。

图 3 - 35　PPI 同比涨幅预测

第四部分
2017 年第四季度价格监测分析

主要观点和结论

    2017 年 9 月以来，价格涨势总体温和。食品价格降幅继续小幅波动，非食品价格涨幅有所扩大，CPI 总体延续波动趋升态势，核心 CPI 攀升至近年来高点。PPI 环比上涨放缓，同比涨幅重新回落。国际油价继续上行，大宗商品价格上扬后有所回调。主要城市新建商品住宅价格走势较为平稳，股票价格振荡有所回落。

    从影响国内价格的因素看，投资增长小幅放缓，对工业品价格上涨的影响有所减弱，但去产能、环保限产及原油价格上涨等导致新涨价因素进一步上升。然而，翘尾因素下降较快，导致 PPI 同比涨幅回落。消费平稳增长为消费品价格温和上涨提供了基础，天气及生产调整等因素影响食品价格波动，燃料和服务价格上涨推动非食品价格涨幅上升。

    预计去产能、环保限产对供给端的影响逐步减弱，总需求延续稳中趋缓态势，工业品供求关系趋于基本稳定。原油等国际大宗商品价格上涨空间有限，对 PPI 的推动作用可能减弱。再考虑到基数效应，预计 PPI 涨幅逐步下行。"猪周期"因素有可能影响猪肉价格同比涨幅由负转正，带动食品价格温和上涨。劳动力成本上升和消费升级仍将影响非食品价格上行，但非人力成本上升的推动作用将有所下降，非食品价格增速可能保持相对稳定。预计 2017 年全年 CPI 上涨 1.5%，PPI 上涨 6.4%；2018 年全年 CPI 上涨约 2.2%，PPI 上涨约 3%。

（本部分完成于 2017 年 12 月 22 日）

一、价格形势

2017 年 9 月以来，价格涨势总体温和。食品价格降幅继续小幅波动，非食品价格涨幅有所扩大，CPI 总体延续波动趋升态势，核心 CPI 攀升至近年来高点。PPI 环比上涨放缓，同比涨幅重新回落。国际油价继续上行，大宗商品价格上扬后有所回调。主要城市新建商品住宅价格走势较为平稳，股票价格振荡有所回落。

（一）价格涨势总体温和

1. 居民消费价格涨幅波动趋升

CPI 同比温和上涨。 2017 年 2 月以来 CPI 同比涨幅总体呈现波动上行态势。11 月 CPI 同比上涨 1.7%，涨幅比 10 月低 0.2 个百分点，比 9 月高 0.1 个百分点。其中，剔除食品和能源的核心 CPI 同比上涨 2.3%，涨幅与 9 月、10 月持平，为近年来高点。

食品价格降幅小幅波动。 食品价格同比自 2017 年 2 月以来一直处于负值区间，但降幅逐渐收窄，自 6 月起在 −1.4% 至 −0.2% 的范围内呈现小幅波动态势。11 月食品价格同比下降 1.1%，降幅较上个月加深 0.7 个百分点。从食品分类看，畜肉类价格同比下降 4.8%，降幅较上个月缩小 0.9 个百分点。其中，猪肉价格同比下降 9%，降幅比上个月收窄 1.1 个百分点。鲜菜价格同比下跌 9.5%，上个月为同比上涨 0.3%。鲜果价格同比上涨 3.7%，上个月为同比下跌 0.7%。蛋价格同比上涨 5.6%，涨幅较上个月提高 2.5 个百分点。粮食、食用油、奶等其他食品价格走势较为平稳。

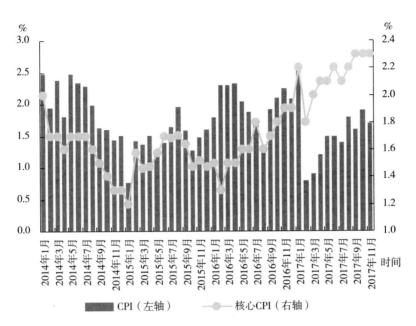

数据来源：国家统计局。

图4-1　CPI同比上涨情况

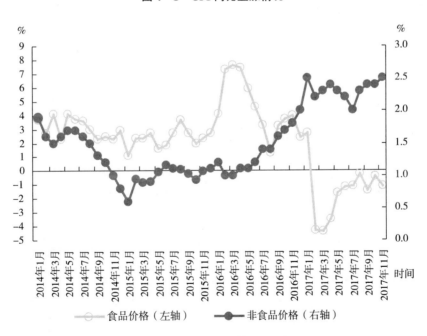

数据来源：国家统计局。

图4-2　食品价格和非食品价格同比上涨情况

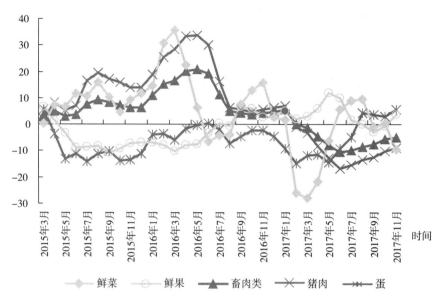

图 4 - 3　部分食品价格变化情况

非食品价格涨幅有所扩大。非食品价格同比涨幅自 2016 年 12 月以来连续高于或持平于 2.0%，11 月非食品价格同比上涨 2.5%，比上个月高 0.1 个百分点。其中，生活

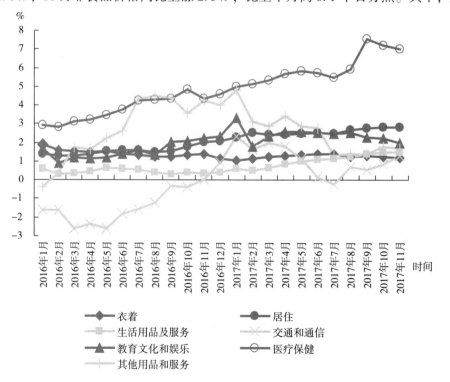

图 4 - 4　主要非食品价格变化情况

用品及服务、交通和通信价格涨幅有所扩大，前者由9月的1.4%扩大到11月的1.5%，后者由9月的0.5%扩大到11月的1.3%。医疗保健价格涨幅高位有所回落，由9月的7.6%回落至11月的7%；教育文化和娱乐、衣着价格涨幅也小幅回落，前者由9月的2.3%回落至11月的2%，后者由9月的1.3%回落至11月的1.2%。居住价格涨幅保持基本稳定。其他用品和服务价格涨幅由9月的1.4%扩大到10月1.8%，11月又回落至1.7%。

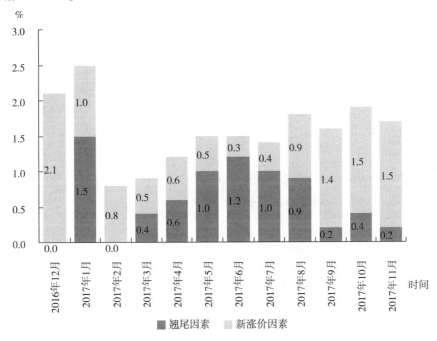

数据来源：国家统计局。

图4-5　翘尾因素和新涨价因素

翘尾因素略有回落，新涨价因素保持稳定。 11月，翘尾因素为0.2%，较上个月回落0.2个百分点，与9月持平；新涨价因素为1.5%，与上个月持平，较9月高0.1个百分点。从对CPI同比涨幅的贡献度看，11月，翘尾因素的贡献度为11.8%，较10月下降9.3个百分点，相应地，新涨价因素的贡献度由10月的78.9%提高9.3个百分点，至11月的88.2%。

CPI环比涨幅连续3个月低于历史同期平均水平。 CPI环比涨幅自2月以来连续高于或持平于历史同期平均水平，9月转为低于历史同期平均水平，10月、11月延续了这一情形。11月，CPI环比涨幅为零，较历史同期均值低0.1个百分点。其中，食品价格环比下降0.5%，较历史同期均值低0.7个百分点；非食品价格环比上涨0.1%，涨幅与历史同期均值持平。

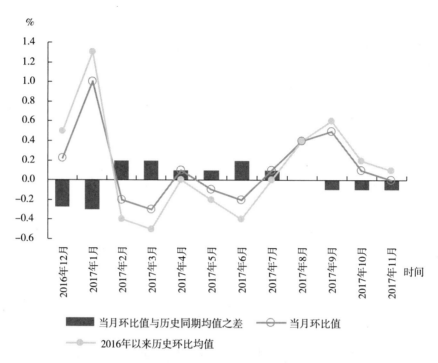

数据来源：国家统计局。

注：2017 年 1 月、2 月对应的历史同期环比均值分别为春节所在月份和春节后一个月均值。

图 4 – 6　CPI 环比值与历史同期均值比较

2. 工业生产者价格涨幅有所回落

　　PPI 同比涨幅于 2017 年 2 月达到 7.8% 的高点，之后逐渐回落至 5 月的 5.5%，并在随后两个月保持在 5.5% 的水平。8 月涨幅又有所扩大，9 月进一步扩大到 6.9%，10 月维持在这一水平，11 月再次出现回落。11 月，PPI 同比上涨 5.8%，涨幅比上个月回落 1.1 个百分点。其中，生产资料价格同比上涨 7.5%，涨幅比上个月回落 1.5 个百分点；生活资料价格同比上涨 0.6%，涨幅比上个月回落 0.2 个百分点。PPI 环比于 2017 年 4 月达到 –0.4% 的低点，此后逐渐回升，7 月实现由负转正，涨幅继续回升至 9 月的 1%，此后连续两个月回落。11 月，PPI 环比上涨 0.5%，涨幅比上个月回落 0.2 个百分点。

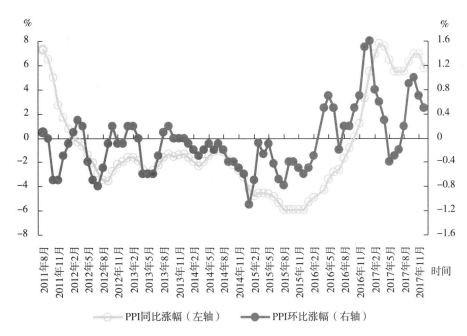

数据来源：国家统计局。

图4-7　工业生产者出厂价格走势

3. 企业商品价格涨幅下降

中国人民银行监测的企业商品价格（CGPI）于2月达到高点后，涨幅不断回落，

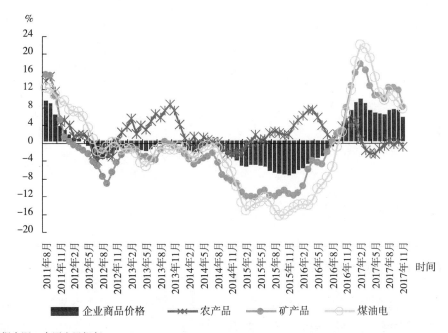

数据来源：中国人民银行。

图4-8　企业商品价格走势

8 月出现反弹，9 月达到反弹高点后重新开始回落。11 月，CGPI 同比上涨 5.3%，涨幅比上个月下降 1.5 个百分点。其中，农产品价格下降 1.5%，降幅比上个月扩大 1.2 个百分点；矿产品价格上涨 7.6%，涨幅比上个月下降 3.6 个百分点；煤油电价格上涨 7.1%，涨幅比上个月下降 1.5 个百分点。

4. 出口价格和进口价格涨幅总体回落

出口价格涨幅于 4 月达到 6.9% 的高点后不断回落。10 月，出口价格同比上涨 2.3%，涨幅比上个月回落 0.4 个百分点。进口价格涨幅于 2 月达到 13.9% 的高点后，逐渐回落至 8 月的 6.4%，9 月反弹至 9%，10 月又回落至 6.6%，虽有所波动，但总体看其回落态势未改变。

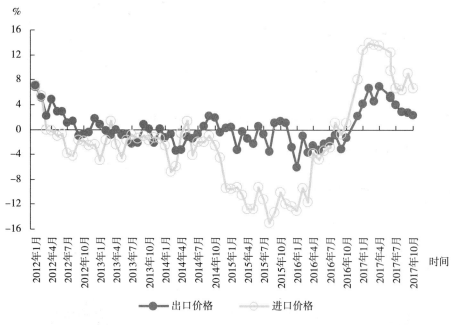

数据来源：海关总署。

图 4 - 9　进出口价格走势

（二）国际大宗商品价格有涨有跌

1. CRB 商品价格指数略有回调

9 月以来，CRB 商品价格指数延续了 6 月下旬以来的波动回升态势，11 月 6 日达到 192.57，较 9 月初上涨 6.4%，此后略有回调。12 月上旬末，RJ/CRB 商品价格指数为 185.02，较回调前下跌 3.7%。

数据来源：Wind。

图 4 - 10　RJ/CRB 商品价格指数走势

2. 国际原油价格继续走高

9 月以来，国际原油价格延续了 6 月下旬以来的振荡反弹走势。12 月上旬末，布伦特原油期货价格和 WTI 原油期货价格分别收于每桶 63.40 美元和 57.36 美元，比 9 月初分别上涨 20.2% 和 21.3% 。

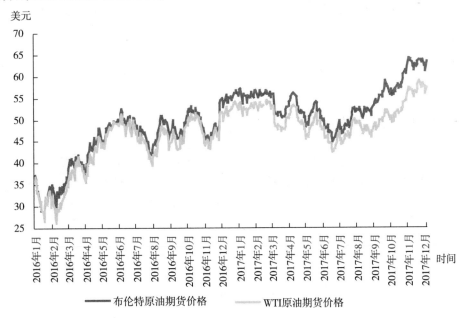

数据来源：Wind。

图 4 - 11　国际原油期货价格走势

3. 铁矿石价格有所反弹

9 月以来，铁矿石价格经历了一轮下跌—盘整—反弹行情。普氏铁矿石价格指数（62% Fe：CFR 中国北方）由 9 月初的 77.45 美元/干吨较快下跌至当月末的 61.35 美元/干吨，跌幅达 20.8%，此后进入盘整期，11 月初以来又有较显著的反弹。12 月上旬末，普氏铁矿石价格指数（62% Fe：CFR 中国北方）达到 69.50 美元/干吨，较 11 月初反弹 17.1%。

美元/干吨

数据来源：Wind。

图 4 - 12　铁矿石价格走势

4. 主要有色金属价格有所下行

2017 年 9 月以来，国际铜和铝价格基本处于盘整态势，先后分别于 11 月 24 日和 27 日开始出现较为明显的下跌走势。12 月上旬末，LME 铜和铝价格分别为每吨 6536.75 美元和 1992.00 美元，较下跌前分别下跌 6.4% 和 6.0%。

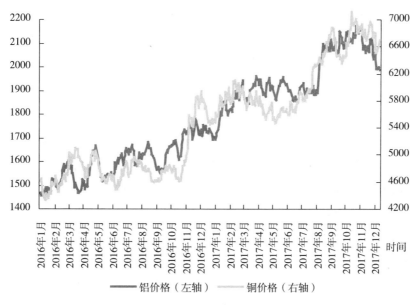

数据来源：Wind。

图 4-13 LME 铜和铝价格走势

5. 主要农产品价格涨跌互现

2017 年 9 月以来，CBOT 大豆期货价格振荡上行，玉米、小麦期货价格先涨后跌，稻米期货价格先小幅上涨后大幅下跌，再较快反弹。12 月上旬末，CBOT 大豆较 9 月初上涨 5.1%，玉米、小麦分别较前期高点下跌 4.5% 和 15%，稻米价格较前期低点上涨 8.6%。

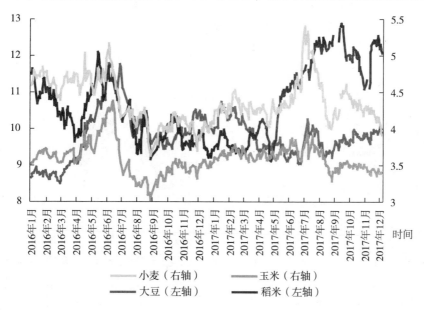

数据来源：CEIC。

注：图中大豆、玉米、小麦价格单位为美元/蒲式耳，稻米价格单位为美元/英担。

图 4-14 CBOT 粮食价格走势

（三）资产价格升降互现

1. 主要城市新建商品住宅价格走势总体较为平稳

分一二三线城市看，一线城市房价环比继续下降，二三线城市房价环比略有上涨。据国家统计局初步测算，从新建商品住宅价格看，11 月，一线城市新建商品住宅价格环比下降 0.1%，降幅与上个月持平；二线城市新建商品住宅价格环比上涨 0.5%，涨幅比上个月扩大 0.2 个百分点；三线城市新建商品住宅价格环比上涨 0.4%，涨幅比上个月扩大 0.1 个百分点。从二手住宅价格看，一线城市二手住宅价格环比下降 0.2%，降幅比上个月加深 0.2 个百分点；二线城市二手住宅价格环比上涨 0.3%，涨幅比上个月扩大 0.1 个百分点；三线城市二手住宅价格环比上涨 0.3%，涨幅比上个月扩大 0.1 个百分点。

分主要城市看，新建商品住宅价格环比下降或持平，二手住宅价格涨跌互现。从新建商品住宅价格看，11 月，北京环比跌幅均为零，比上个月收窄 0.2 个百分点；上海环比涨幅为零，比上个月回落 0.3 个百分点；广州环比下跌 0.1%，跌幅比上个月收窄 0.1 个百分点；深圳环比下跌 0.2%，跌幅比上个月加深 0.1 个百分点。二线城市中的南京、杭州环比分别下跌 0.2% 和 0.1%，跌幅分别比上个月加深 0.1 个百分点；武汉环比跌幅为零，比上个月收窄 0.1 个百分点；合肥环比上涨 0.1%，涨幅比上个月扩大 0.1 个百分点。从二手住宅价格看，11 月，北京环比下跌 0.5%，跌幅与上个月持平；上海环比下跌 0.3%，上个月为环比上涨 0.3%；广州环比上涨 0.1%，上个月为环

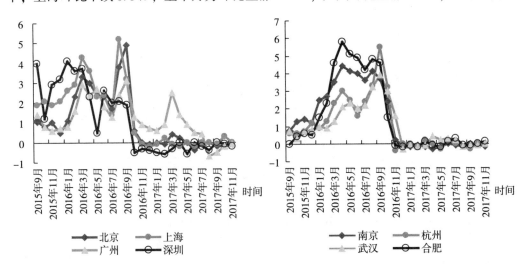

数据来源：国家统计局。

图 4–15　部分城市新建商品住宅价格环比变动情况

比下跌 0.3%；深圳环比上涨 0.1%，涨幅比上个月回落 0.3 个百分点。南京环比下跌 0.5%，跌幅比上个月加深 0.4 个百分点；杭州、武汉分别环比上涨 0.2%和 0.1%，涨幅比上个月分别回落 0.2 个和 0.3 个百分点；合肥环比跌幅为零，比上个月收窄 0.2 个百分点。

2. 股票价格有所回调

自 2017 年 9 月以来，股票市场总体延续了 5 月中旬以来回升行情，11 月 13 日上证综合指数收于 3447.84 点的高点后，开始有所回调。12 月上旬末，上证综合指数收于 3289.99 点，较 11 月 13 日下跌 157.84 点，跌幅为 4.6%；上交所平均市盈率为 17.98 倍，较 11 月 13 日下降 4.2%。

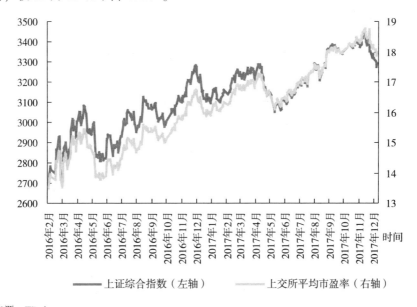

数据来源：Wind。

图 4 - 16　上证综合指数和上交所平均市盈率走势

3. 中债指数略有回升，债券收益率走高

自 2017 年 9 月以来，中债总净价指数和中债国债总净价指数延续了始于 7 月下旬小幅下行走势，11 月下旬开始略有回升。12 月上旬末，中债总净价指数和中债国债总净价指数分别收于 111.5041 点和 112.5865 点，较前期低点分别上升 0.31%和 0.29%。与此同时，债券收益率走高，12 月上旬末，不考虑隔夜收益率，国债、政策金融债、企业债（AAA）和中短期票据（AAA）各关键期限点分别较 11 月中旬末平均上行 7.07 个基点、17.39 个基点、13.09 个基点和 13.39 个基点。

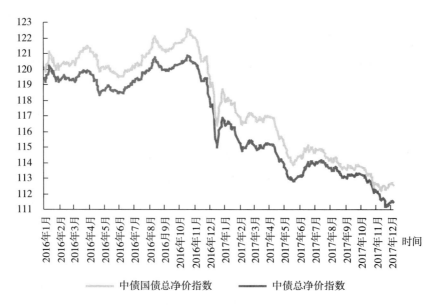

数据来源：Wind。

图 4 - 17　中债指数走势

二、成因分析

从影响国内价格的因素看，投资增长小幅放缓，对工业品价格上涨的影响有所减弱，但去产能、环保限产及原油价格上涨等导致新涨价因素进一步上升。然而，翘尾因素下降较快，导致PPI同比涨幅回落。消费平稳增长为消费品价格温和上涨提供了基础，天气及生产调整等因素影响食品价格波动，燃料和服务价格上涨推动非食品价格涨幅上升。

（一）总需求稳中趋缓，各部分对价格的影响不同

近期总需求相对平稳，投资增速延续小幅减缓趋势，消费增长总体平稳，出口增速下降后又有所反弹。总需求的结构性变化导致工业品价格上涨的动力有所减弱，而消费品价格温和上涨仍有基础。

1. 投资增速小幅减缓

投资增速延续3月以来的放缓趋势。1~11月，全国固定资产投资累计同比增长7.2%，增速比前三个季度放缓0.3个百分点，比上年同期下滑1.1个百分点。民间固定资产投资增速在第一季度明显回升后，第二季度以来持续回落，1~11月累计同比增长5.7%，增速比前三个季度放缓0.3个百分点。

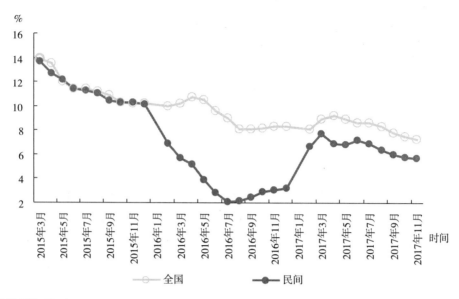

数据来源：Wind。

图 4 - 18　全国及民间固定资产投资累计同比增速变化情况

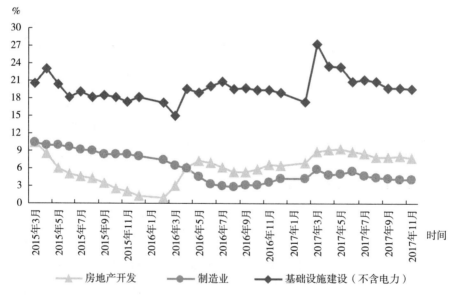

数据来源：Wind。

图 4 - 19　三大固定资产投资累计同比增速变化情况

房地产开发投资增速放缓。年初以来一二线城市以及三四线热点城市房地产限购、限贷力度不减，叠加房价上涨放缓，房地产销售走弱，影响房地产企业的投资意愿，加之与房地产相关的债券及非标融资约束日益趋紧，房地产投资增速继续放缓。1～11月，房地产开发投资累计同比增长 7.5%，增速比前三个季度放缓 0.6 个百分点，其中住宅投资累计同比增长 9.7%，增速比前三个季度放缓 0.7 个百分点。

制造业投资增速低位平稳。 2016 年下半年以来，虽然外向型企业出口形势好转等因素令企业盈利有所改善，但受传统行业产能过剩矛盾突出以及环保限产等因素影响，制造业投资增速在 2017 年上半年反弹后，7 月以来持续回落。1～11 月，制造业投资累计同比增长 4.1%，比前三个季度下降 0.1 个百分点。

基建投资增速有所回升。 受年初 PPP 项目集中落地的影响，2017 年 1～2 月，基建投资（不含电力，下同）大幅增长 27.3%。随后几个月受财政支出增速放缓、财政部发文规范地方政府融资、PPP 落地时间延长等因素影响，基建投资增速明显回落。近期受十九大后复工、政府性基金支出增长较快等因素的影响，11 月基建投资增速回升，当月同比增长 23.7%，为年内次高，并带动 1～11 月累计同比增速回升至 20.1%，增速比前三个季度高出 0.3 个百分点，比上年同期高出 1.2 个百分点。

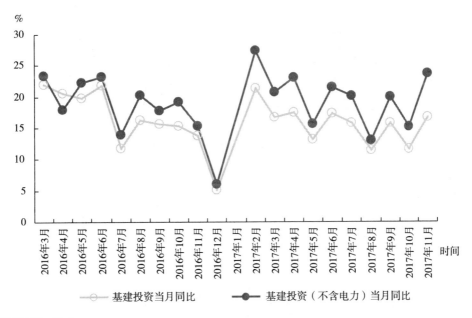

数据来源：Wind。

图 4－20　基建投资当月同比增速变化情况

2. 消费增速相对平稳

2017 年初，社会消费品零售总额的增速延续了过去几年逐年下台阶的规律，但受前期商品房销售增加、车辆购置税优惠政策等因素影响，3 月后增速明显反弹。然而，随着商品房销售增速放缓，下半年以来消费增速总体上趋于下滑。尽管有节假日因素和"双十一"促销活动对消费的刺激，但 10 月、11 月，社会消费品零售总额名义同比分别增长 10% 和 10.2%，比 9 月分别回落 0.3 个和 0.1 个百分点；实际同比分别增长 8.6% 和 8.8%，比 9 月分别降低 0.7 个和 0.5 个百分点。

商品零售增长乏力。 从分项看，受商品房销售增速放缓的影响，与居住相关的商品消费增速回落。10 月、11 月，建筑及装潢材料类同比分别增长 6.1% 和 3.6%，比 9 月分别下降 3.4 个和 5.9 个百分点，分别为年内次低和最低同比增速。受前期优惠政策透支需求及上年基数较高等因素的影响，汽车类商品零售增速继续回落，10 月、11 月同比分别增长 6.9% 和 4.2%，比 9 月分别下降 1 个和 3.7 个百分点。

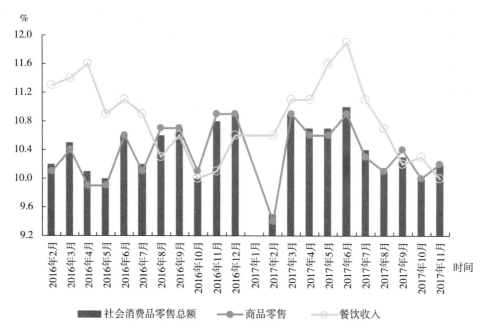

数据来源：Wind。

图 4 - 21　社会消费品零售总额及分项当月同比增速变化情况

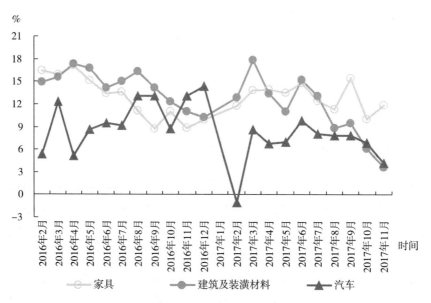

数据来源：Wind。

图 4 - 22　限额以上单位商品零售当月同比增速变化情况

餐饮收入增速放缓。受人工、水电能源成本上升以及部分地区开展餐饮业环保专项整治和食品安全检查的影响，餐饮收入增速下半年以来呈现下滑态势。9月、10月、11月餐饮收入同比增速分别为10.2%、10.3%和10%，为年内相对低点。

3. 出口增速有所反弹

2016年以来，全球经济复苏态势良好，发达经济体和新兴经济体经济增速都有所加快，国际贸易形势好转，外部需求改善，我国出口增速回升。虽然2017年7月、8月受美国对中国启动贸易调查等因素影响，出口增速有所放缓，但9月以来出口增速重新回升。2017年11月，我国出口金额（美元计价）同比增长12.3%，增速比9月回升4.3个百分点，为年内次高增速；规模以上工业企业出口交货值同比增长11.8%，增速比9月回升2个百分点，也是年内次高增速。对主要贸易伙伴出口增速全面回升。11月我国对美国、欧盟、东盟出口金额同比增速超过10%，对日本的出口金额同比增速为9.8%，对中国香港地区出口金额同比由负转正。

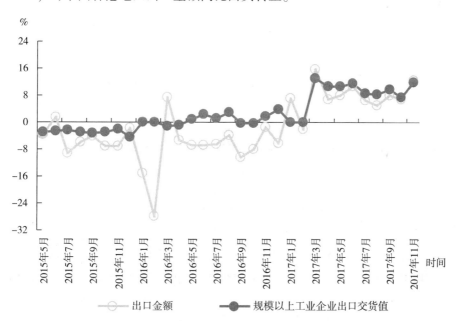

数据来源：Wind。

图4-23 出口总额及规模以上工业企业出口交货值同比增速变化情况

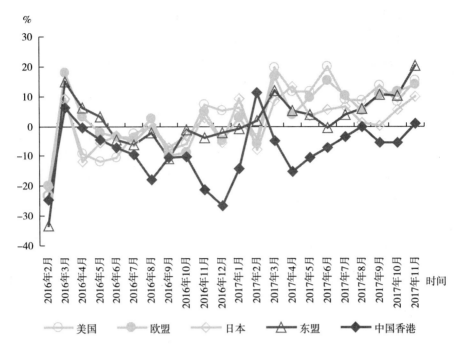

数据来源：Wind。

图 4 - 24　我国对主要贸易伙伴出口同比增速变化情况

（二）供给面与基期因素对 PPI 走势影响较大

去产能、环保限产等政策对上游行业生产活动影响明显，对价格形成支撑。石油等大宗商品价格回升，推动国内能源、化工等相关行业的商品价格上涨。但由于 PPI 持续上涨，现阶段已处于较高水平，同时总需求增长态势放缓，制约价格进一步上涨的空间，PPI 环比涨幅放缓。受上年基数的影响，翘尾因素下降较快，引起 PPI 同比涨幅回落。

1. 去产能、环保限产对上游产品价格形成支撑

2016 年以来，供给侧结构性改革的政策效果逐渐显现，煤炭、石油、黑色金属、有色金属等行业的资源得到重新配置，落后产能逐渐退出。2017 年 8 月末，钢铁去产能 5000 万吨的目标提前完成；10 月末，1.4 亿吨"地条钢"产能已经出清；9 月末，煤电行业淘汰、停建、缓建产能 5000 万千瓦的目标提前完成；10 月末，煤炭去产能 1.5 亿吨的目标提前完成。

与此同时，环保督查力度进一步加强。绝大部分省份完善排污许可、考核问责等

制度，利用环保、能耗指标考核，处置或关停不达标企业。8月、9月，第四批中央环境保护督查工作全面启动，整改效果明显；9月起，京津冀及周边地区"2+26"城市开展秋冬季大气污染治理攻坚行动巡查，整治涉气"散乱污"企业，对钢铁、建材等重点行业实施错峰生产。2017年9月15日第四批8个中央环境保护督查组进驻结束，通过考核环保、能耗、安全等指标，对不达标的企业进行了处置和关停，其中，责令整改32602家，立案处罚9181家，罚款达到46583.84万元。

去产能及力度加大的环保限产政策效果叠加，对工业及其他行业生产形成了冲击，主要工业品产量增速放缓或供给减少。其中，2017年10月、11月，原煤产量同比分别增长1.5%和-2.7%，比9月分别下降6.1个和10.3个百分点；焦炭产量同比分别减少12.6%和10.9%，降幅比9月分别扩大5.5个和3.8个百分点。生铁、有色金属、平板玻璃等供给减少，11月同比分别下降3.5%、6.9%和3.5%。

上述工业品产量的变化影响到价格，导致PPI涨幅持续处于较高水平，回落幅度不及预期。但去产能及环保限产等措施主要对煤炭、钢铁、有色金属等上游工业品价格形成支撑，下游工业品及消费品的价格受到的冲击相对较弱。从价格的结构性变化来看，中上游价格环比涨幅较高，下游价格相对稳定，涨幅呈自上而下逐级收窄的分化局面。分类别看，2017年11月，采掘业PPI环比上涨1.7%，涨幅最高，原材料工业、加工工业和生活资料PPI的环比涨幅依次降低。

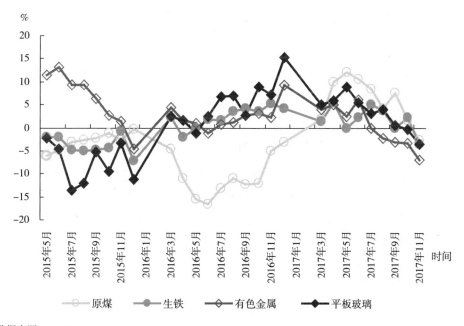

数据来源：Wind。

图4-25 主要工业品产量同比变化情况

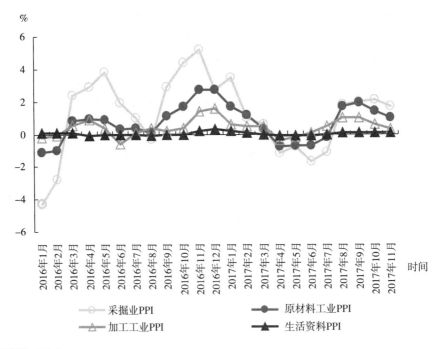

数据来源：Wind。

图 4 - 26   上中下游工业品环比价格变化情况

2. 国际原油价格上涨推动相关产品价格涨幅

受 OPEC 国家限产协议执行较顺利，沙特内部政治变动，委内瑞拉、伊朗、伊拉克等主要产油国地缘局势紧张等因素影响，全球原油产量下降。与此同时，主要经济体经济状况好转、全球制造业回暖，原油需求持续增长。供需格局调整导致近期油价明显回升。在原油价格上升带动下，铁矿石等大宗商品价格也反弹回升，并通过贸易等多渠道影响国内能源、化工等相关行业的商品价格上涨。根据国内现行成品油价格形成机制，10 月、11 月汽油和柴油分别累计上调 415 元/吨和 400 元/吨。10 月、11 月，石油和天然气开采业价格环比涨幅扩大，分别上涨 5.1% 和 6.2%。在新涨价因素的影响下，石油和天然气开采业价格同比涨幅也扩大，分别上涨 16.5% 和 20.3%，涨幅比上年同期分别提高 14.5 个和 14.1 个百分点。此外，石油加工、炼焦及核燃料加工业，化学原料及化学制品制造业，橡胶和塑料制品业等能源、化工行业价格同比涨幅也较上年同期明显提高。

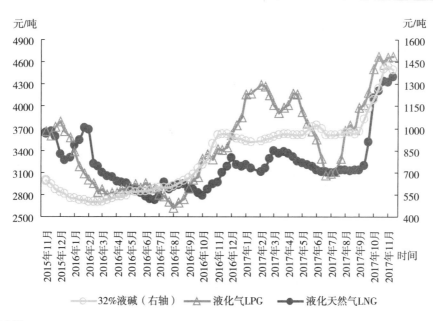

数据来源：Wind。

图 4 – 27 主要能源化工产品价格变化情况

3. 翘尾因素下降较快引起 PPI 同比涨幅回落

虽然在去产能、环保限产等政策及国际大宗商品价格回升的影响下，PPI 环比持续上涨，带动新涨价因素进一步上升，但翘尾因素下降较快，引起 PPI 同比涨幅回落。2017 年 10 月、11 月，翘尾因素分别为 3.1% 和 1.6%，比 9 月下降 0.7 个和 2.2 个百分

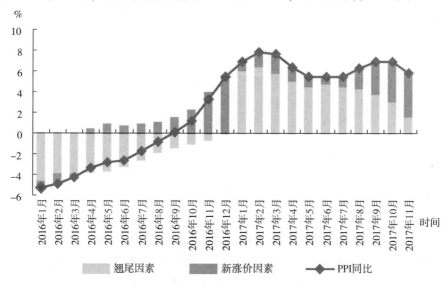

数据来源：Wind。

图 4 – 28 PPI 翘尾因素和新涨价因素变化情况

点。从对 PPI 同比涨幅的贡献度看，10 月、11 月，翘尾因素的贡献度分别为 45.3% 和 27.6%，比 9 月低 10.4 个和 28.1 个百分点。

（三）天气及生产调整等导致食品价格小幅波动

1. 天气因素影响鲜菜价格总体下降

2017 年秋冬以来，除个别地区外，全国大部分地区天气良好，平均气温与常年相比略偏高，有利于鲜菜生产和储运，市场供应相对充足，鲜菜价格总体走低。受上年基期因素的影响，鲜菜价格同比 10 月小幅上涨，11 月明显下跌，涨幅分别为 0.3% 和 −9.5%。但总体而言，鲜菜价格涨幅大大低于上年同期，10 月、11 月鲜菜价格涨幅分别比上年同期低 12.7 个和 25.3 个百分点。

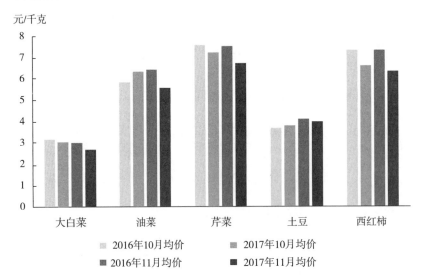

数据来源：国家统计局。

图 4 − 29　50 个城市主要鲜菜平均价格变化情况

2. 季节性及生产调整等导致肉价跌幅收窄、蛋价上涨

近年来，国家出台一系列规范禽畜养殖业的规定，提升养殖标准，使得大量散养户退出，生猪养殖行业集中度上升，市场格局更加趋于规模化。2017 年以来，环保限产力度加大，四川、山东、河南等猪肉产量大省陆续出台养殖业整顿措施，对猪肉供给产生影响。同时，猪肉消费需求季节性回升，供需调整影响猪肉价格企稳回升。从 22 个省市猪肉平均价走势看，2017 年 12 月上旬价格回升至 21.98 元/千克，为 6 月以来的最高值。

由于前期蛋类价格持续处于低位，养殖户主动或被动淘汰蛋鸡，蛋类供给减少，下半年以来蛋类价格总体上止跌回升。10月以来，蛋价在原有基础上又出现较为明显的上涨。在新涨价因素的影响下，蛋类价格同比降幅不断收窄，并于8月由负转正，11月同比上涨5.6%，为2015年4月以来最高涨幅。

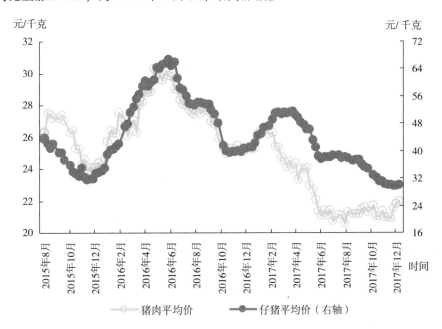

数据来源：Wind。

图4-30　22个省市猪肉平均价、仔猪平均价变化情况

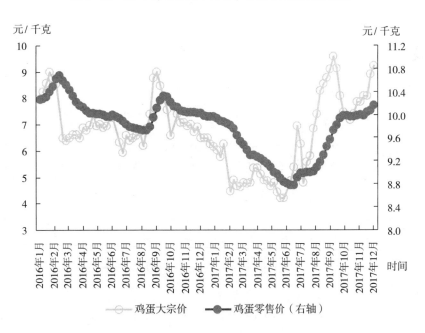

数据来源：Wind。

图4-31　鸡蛋大宗价和鸡蛋零售价变化情况

（四）燃料及服务价格上涨推动非食品价格上升

　　由于国际油价回升、国内成品油价格上调，交通运输燃料价格明显上涨。2017 年 10 月、11 月，交通工具用燃料价格同比分别上涨 7.5% 和 10.2%，涨幅较上年同期扩大 5.4 个和 5.7 个百分点。与此同时，近期"煤改气"等因素影响燃气供求，带动居住类水电燃料价格同比均上涨 2.5%，10 月、11 月涨幅较上年同期分别扩大 2.5 个和 1.9 个百分点。

　　受行业清查整顿，人工、运输成本上升等影响，部分快递公司调高运费价格，邮递服务价格涨幅扩大，10 月、11 月同比分别上涨 2.6% 和 2.9%，涨幅较上年同期分别扩大 2.3 个和 2.6 个百分点。2016 年以来，伴随医疗价格改革的推进，尤其是医疗服务价格谈判机制逐步完善、市场化的医疗服务价格形成机制的逐步建立，此前受到管制的部分服务价格上涨。2017 年 9 月、10 月、11 月，医疗服务价格同比分别上涨 9.2%、8.7% 和 8.5%，为近 20 年以来的高点。从 36 个城市医疗服务价格看，10 月、11 月诊疗费价格同比涨幅超过 70%，注射费、化疗费、床位费等价格同比涨幅超过 20%，手术费等价格同比涨幅也在 10% 以上。

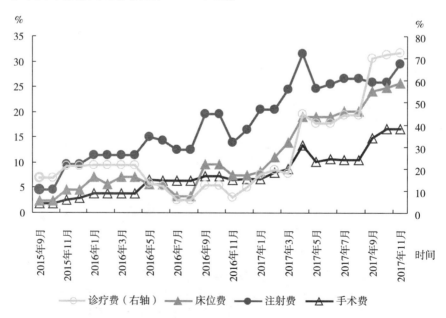

数据来源：Wind。

图 4 - 32　36 个城市医疗服务价格同比变化情况

三、趋势展望

　　预计去产能、环保限产对供给端的影响逐步减弱，总需求延续稳中趋缓态势，工业品供求关系趋于基本稳定。原油等国际大宗商品价格上涨空间有限，对 PPI 的推动作用可能减弱。再考虑到基数效应，预计 PPI 涨幅逐步下行。"猪周期"因素有可能影响猪肉价格同比涨幅由负转正，带动食品价格温和上涨。劳动力成本上升和消费升级仍将影响非食品价格上行，但非人力成本上升的推动作用将有所下降，非食品价格增速可能保持相对稳定。预计 2017 年全年 CPI 上涨 1.5%，PPI 上涨 6.4%；2018 年全年 CPI 上涨约 2.2%，PPI 上涨约 3%。

（一）　总供求关系将基本稳定，为价格稳定提供基础

1. 总需求存在小幅下滑可能

（1）先行指标显示经济动能有所减弱

　　作为宏观经济先行指标的"克强指数"在 2017 年 7 月达到高点后连续四个月回落，11 月仅为 8.67%，处于年内低点。11 月中采 PMI 为 51.8%，较上个月回升 0.2 个百分点，但低于 9 月 0.6 个百分点；财新中国 PMI 为 50.8%，较上个月下降 0.2 个百分点，延续了 8 月以来的下滑趋势，且处于下半年的最低点。非制造业 PMI 在 10 月下降后，11 月仍有所回升，显示非制造业活动相对稳定，但尚无明显走强迹象。

（2）固定资产投资增速或将继续下滑

　　基建投资增速有可能下降。一些重大水利工程、城市轨道交通、电信基础设施等基建项目将持续推进，或对 2018 年基建投资形成支撑，但制约基建投资增长的因素也较多。一是为了进一步规范 PPP 项目的运作，加强

项目的风险管控，2017 年 11 月，财政部出台《关于规范政府和社会资本合作（PPP）综合信息平台项目库管理的通知》，国资委出台《关于加强中央企业 PPP 业务风险管控的通知》，PPP 项目快速扩张势头或将减缓。二是财政部出台的《关于进一步规范地方政府举债融资行为的通知》《关于坚决制止地方以政府购买服务名义违法违规融资的通知》两个文件仍将继续规范地方政府融资行为，对地方政府资金来源产生影响。三是伴随楼市调控政策的延续，与之相关的地方政府增值税、契税等房地产相关税收收入可能减少，加之减税降费仍将继续推进，财政收支矛盾或将更加突出，影响地方政府基建投资的力度。四是金融监管加强，货币金融条件总体上趋于收缩，将影响地方政府的融资来源。总体来看，基建投资维持高位的难度较大，增速有可能有所下降。

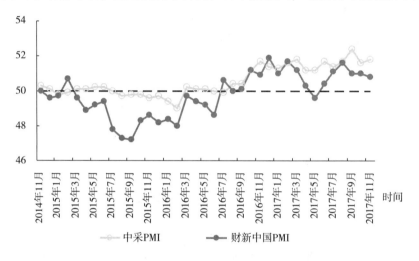

数据来源：Wind。

图 4 - 33　中采 PMI、财新中国 PMI 变化情况

房地产投资增速仍将维持缓慢下行态势。房地产投资增长存在一些制约因素。一是中央经济工作会议确定房地产调控政策延续，有可能影响房地产开发企业的投资意愿和能力。2018 年重点工作之一是"完善促进房地产市场平稳健康发展的长效机制，保持房地产市场调控政策的连续性和稳定性，分清中央和地方事权，实行差别化调控"。预计一二线城市房地产调控政策仍将延续，这会抑制房地产开发投资的意愿。此外，在房地产调控政策的作用下，房地产开发企业的资金来源大幅下滑，一些中小房地产开发企业投资能力受到影响。1~11 月房地产开发企业到位资金累计同比增长 7.7%，较 1~10 月回升 0.3 个百分点，但较 2016 年同期大幅下降 7.3 个百分点。其中，来自定金及预收款的资金累计同比增长 15%，个人按揭贷款资金累计同比增长 -1.6%，分别较 2016 年同期大幅下滑 15.5 个和 50.9 个百分点。二是三四线城市棚改的货币化安置力度或将减弱，影响三四线城市的房地产需求和销售，将影响房地产投资的增长。2017 年 5 月召开的国务院常务会议确定实施 2018—2020 年棚改攻坚计划，并将年均棚改目标下调至 500 万套，低于 2015—2017 年的年均 600 万套。

不过，在中央强调完善促进房地产市场平稳健康发展的长效机制背景下，房地产投资增速可能不会出现较大波动。中央经济工作会议强调，要加快建立多主体供应、多渠道保障、租购并举的住房制度，因此，住房供应渠道将会增加，支撑房地产投资增长。从目前看，住房租赁市场建设正在加强，8 月国土资源部和住建部印发了《利用集体建设用地建设租赁住房试点方案》，选取了 13 个城市开展利用集体建设用地建设租赁住房试点，这将在一定程度上抵消商品房投资下降的影响。此外，随着房地产去库存工作的持续推进，2017 年商品房待售面积持续下降，较低的房地产库存也可能会刺激开发商的投资意愿。2017 年全国土地购置面积累计同比持续增长，1~11 月累计同比增长 16.3%，较上个月大幅回升 3.4 个百分点，其中 100 个大中城市供应土地占地面积较 2016 年同期增加 6793.4 万平方米。住宅用地供给的持续增长有可能为房地产开发投资增长提供支撑。

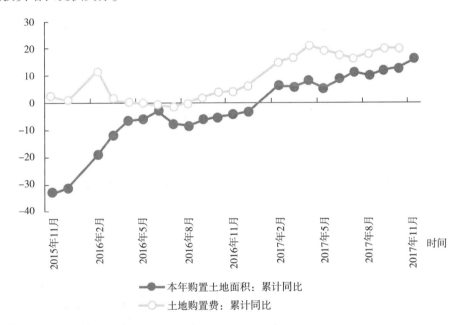

数据来源：Wind。

图 4-34 土地购置面积和土地购置费累计同比变化情况

制造业投资增速或将企稳。目前，制造业投资增长存在一些有利因素。一是高端制造业仍将保持强劲发展势头，为制造业投资增长提供新的支撑。1~11 月，高技术制造业投资增长 15.9%，比全部制造业投资高 11.8 个百分点；对制造业投资增长的贡献率为 46.4%，拉动制造业投资增长 1.9 个百分点。11 月 27 日国家发展改革委发布了《增强制造业核心竞争力三年行动计划（2018—2020 年）》，将为高端船舶和海洋工程装备、智能机器人、智能汽车等高端制造业发展提供政策支持，预计高端制造业投资强劲增长势头将延续。二是政策上将进一步加大对制造业投资的支持力度。11 月 20 日工信部等部门发布《关于发挥民间投资作用，推进实施制造强国战略的指导意见》，将进一步改善民间投资环境，激发民间投资活力，助推民营制造业投资增长。与此同时，2018 年政府仍将大力降低实体经济成本，降低制度性交易成本，继续清理涉企收费，加大对乱收费的查处和整治力度，这将有助于制造业投资增长。三是随着供给侧结构性改革的深入推进，传统制造业将继续围绕两化融合、节能降耗、质量升级等领域加大技术改造投资力度，将继续带动制造业投资增长。四是制造业的过剩产能持续出清，工业企业盈利能力好转，在一定程度上改善了制造业投资的条件。

不过，一些因素仍然制约制造业投资增速回升空间。一是制造业产能过剩的矛盾依然存在，或将抑制制造业投资增速回升。目前，"去产能"工作的有力推进提高了行业集中度和工业企业产能利用率，未来制造业投资能否明显回升最终取决于最终需求。在最终需求没有强劲回升之前，制造业投资难有大幅改观。二是环保严监管或成为新常态，短期仍将对部分传统制造业投资产生较大影响。三是国际上制造业领域竞争加强，也有可能影响我国制造业投资增长。

（3）出口有望保持较稳定增长

全球经济的持续复苏等有利因素仍将对我国出口增长形成支撑。一是 2018 年世界经济将延续复苏态势。在 10 月的《世界经济展望》中，IMF 将 2017 年和 2018 年全球经济增速预测值均提高了 0.1 个百分点，分别为 3.6% 和 3.7%。二是从美国、欧洲和日本等主要发达国家和地区看，这些经济体的 PMI 指数维持高位，预示外部需求仍将延续回暖态势，将继续支撑我国出口增长。三是我国与金砖国家、东盟成员国等新兴经济体之间的合作进一步加深，也将为出口增长提供支撑。四是随着"一带一路"建设的逐步深入，国际产能合作、对外经贸合作进一步加强，中欧班列开行数量大幅增加，有望为我国出口提供新的支撑。从先行指标看，11 月中国外贸出口先导指数为41.8，较上个月上升 0.2；出口经理人指数为 44.8，较上个月大幅上升 1.4，显示了出口持续改善的可能。

但需要注意的是，出口增长仍存在不确定性。一是反全球化、贸易保护主义和民粹主义思潮依然存在，国际政治上的不确定性事件仍可能出现，或将制约出口的改善程度。尤其是，我国与美国的贸易发展仍然存在不确定性。美国经常项目逆差的持续增加，与特朗普政府减少贸易逆差的承诺相违背，在特朗普强调"美国优先"的背景下，中美之间发生贸易摩擦的风险仍然较大。二是我国出口增长面临发达经济体和新兴经济体的双重挤压。发达经济体的"制造业回归"进程加快，以及以越南为代表的新兴经济体的产业承接规模扩张，或将进一步削弱我国出口的相对竞争优势，影响出口的继续增长。三是汇率因素对出口增长的促进作用可能减弱。2017 年我国出口明显增长不仅因为外需改善，还与前期人民币汇率贬值的累积效应相关。近期，人民币汇率小幅波动并有所升值，预计 2018 年人民币汇率继续保持基本稳定，对企业出口增长的促进作用减弱。

（4）消费增速可能稳中趋缓

中央经济工作会议要求要"发挥好消费的基础性作用"，并要求提高保障和改善民生，这将为消费的稳定增长提供政策上的保障。具体来看，一些有利因素也将继续为消费增长提供支撑。一是消费升级仍将带动新兴消费需求快速增长。居民消费观念的更新驱动旅游、文化、教育等新兴消费领域持续快速发展，未来仍将为消费增长提供支撑。二是随着互联网技术和物流行业的快速发展，网上购物的便利性进一步改善，网上零售仍将保持快速发展，有助于消费增长。三是乡村消费需求或将保持较快增长。随着精准扶贫、新农村建设的持续推进，以及未来乡村振兴战略的深入实施，农民收入将持续提升，或将进一步刺激农村消费需求增长。

不过，消费增速仍存在下滑的可能。从消费增长的领域看，前期支撑消费增长的住房和汽车消费的增长有可能放缓。伴随房地产销售增速的下滑，家具、家电、建筑装潢类等的消费需求增长可能放缓；自2018年起，1.6升及以下排量的乘用车购置税优惠政策将完全结束，恢复10%的法定税率，汽车消费增长或将放缓。从支撑消费增长的居民收入看，居民消费能力仍存在制约。城乡一体化住户调查数据显示，近几年居民收入增速持续下滑，2017年全国居民可支配收入增速虽有所反弹，但主要由于转移净收入及财产净收入的增速相对高，而工资性收入和经营净收入的增速仍较低，这说明居民收入增长的可持续性还不够强；而且全国居民人均可支配收入中位数增速明显低于全国居民人均可支配收入增速，说明大部分居民收入增长乏力。此外，前期居民负债大幅增长，也可能影响居民的消费能力。

2. 供给面因素对价格的冲击或将减弱

（1）去产能工作超额完成，对价格的影响趋于减弱

2016年和2017年煤炭共退出产能超过4.4亿吨，接近发展改革委提出的3~5年内退出产能5亿吨的目标；钢铁共退出产能超过1.15亿吨，达到钢铁工业"十三五"规划中减少产能1亿~1.5亿吨的目标。2018年去产能工作仍将继续推进，但去产能压力将有所减弱。此外，工业品价格上涨推动企业利润增长，1~10月规模以上工业企业利润总额累计同比增长23.3%。较高的工业品价格和企业利润会促进优质产能加快释放，减弱去产能对供给端的影响。

（2）环保限产政策的边际影响将趋于稳定

2018年环保督查工作仍将继续推进，环保限产也将成为新常态，但边际影响趋于减小。此外，随着企业环保意识逐渐加强、工业品价格上涨及利润的增长，技术改造力度也可能加强，一些企业将会通过转型升级达到环保标准，重新开工复产。

（3）降成本和补短板等措施的进一步推进将有利于价格稳定

在降成本方面，企业减税降费工作顺利推进。1~10 月，规模以上工业企业每百元主营业务收入中的成本和费用分别为 85.46 元和 7.38 元，同比分别减少 0.26 元和 0.25 元。减税降费将进一步推进，通过综合施策降低融资、用电、人力、物流等生产要素成本，并且持续降低制度性交易成本。在补短板方面，公共服务、基础设施和资源环境等领域的投资继续增加，供给质量会持续改善，或将减小某些领域的供给制约。

总体来看，在需求端，消费和出口仍将维持较稳定的增长，而固定资产投资增速可能下滑；在供给端，供给侧结构性改革仍将进一步深化，但去产能、环保限产的冲击将逐步减弱。供需关系趋于基本稳定有利于价格水平的总体稳定。

（二）大宗商品价格上涨对 PPI 的拉动力度将有所减弱

大宗商品价格持续快速上行的可能性较低，整体将保持振荡微升态势。从需求端看，在发达经济体经济回暖带动下，2018 年全球经济增速有望略快于 2017 年，投资处于扩张周期，将增加对大宗商品的需求，带动大宗商品价格上涨。不过，作为大宗商品需求的主要引擎，新兴市场和发展中经济体经济增速仍不乐观，对大宗商品需求端的支撑作用有限。当前全球倡导减少使用化石燃料，强化对可再生能源的使用，也将减少对能源类大宗商品的"刚性"依赖。整体来看，2018 年大宗商品需求可能小幅增长。从供给端看，近年来国际大宗商品产能不断增加，商品供应朝着多极化趋势发展，国际大宗商品供应仍将总体维持平衡。此外，受美联储紧缩周期影响，2018 年美元有可能出现阶段性反弹，抑制大宗商品价格的上涨。

原油价格仍有上涨可能，一方面，未来全球经济增长和贸易复苏有可能增加对原油的需求；另一方面，2017 年 11 月 30 日，OPEC 和俄罗斯等 11 个非 OPEC 产油国同意延长减产协议执行到 2018 年末，该举措将降低原油供给和库存，推升价格。但原油供给格局的变化将抑制原油价格上涨空间。目前，全球原油供给逐步形成了 OPEC、美国页岩油和其他生产者三足鼎立的新格局。美国页岩油的巨大增产能力将限制原油价格的上行空间，当油价超过每桶 55 美元至 60 美元时，页岩油生产商倾向于增加原油供应。目前，原油价格已经处于 2016 年初以来的高点，2017 年 12 月 20 日期货结算价布伦特原油和 WTI 分别每桶为 64.56 美元和 58.36 美元，较高的价格有可能诱使供给增加，抑制原油价格继续上涨空间。

主要金属价格或温和下行。2017 年金属等工业类大宗商品价格出现普涨，主要原因在于供给持续低于预期，2018 年供给可能得到改善。目前，主要工业金属库存紧张已基本缓解，其中 LME 铜、LME 铝库存充裕，LME 镍库存接近历史高位，显示供给端已出现复苏。加之需求端受发展中国家需求疲弱影响，即使对全球经济增长较为乐观，但仍不足以支撑价格大幅上涨。此外，金、银等贵金属价格走势主要受美元指数影响，在美国加息预期作用下，预计 2018 年贵金属价格也将出现回落。整体来看，金属类大宗商品价格在 2018 年有温和下行压力。

国际农产品价格将基本维持平稳。美国农业部 12 月的《全球农产品供需评估报告》将 2017—2018 年度粮食库存进行上调，美国玉米库存虽然进行了下调，但也处于历史高位，预测部分谷物的库存消费比将达到多年来的高点。国际农产品供应充足，农产品价格将持续低迷。

（三）预计食品价格温和上涨

1. 猪肉价格同比涨幅可能由负转正

从供给端看，尽管散养户陆续退出影响生猪养殖，但养猪规模化程度日益提高，规模化养殖场的养殖技术和效率提高基本弥补了散养户退出的缺口，生猪供给逐步改善，猪肉产量不断回升。此外，环保限产对猪肉供给产生了一定冲击，但影响程度在逐步减弱。从需求端看，随着居民消费水平提高和结构升级，猪肉消费难以再出现显著扩张，将基本维持平稳状态。

综合考虑供需两端因素、翘尾因素以及春节因素，从 2017 年 12 月至 2018 年 6 月，猪肉 CPI 同比跌幅可能逐步收窄，在 2018 年 6 ~ 7 月转为正增长。

2. 鲜菜价格将延续波动态势

从鲜菜价格的历史走势看，2017 年末至第二年春节之前价格通常上涨，随后受气温回升影响价格出现回落。受暖冬因素影响，2017 年末至 2018 年初鲜菜价格环比涨幅可能不会过高。预计 2017 年末至 2018 年初鲜菜价格同比跌幅收窄；考虑到春节错位因素影响，2 月鲜菜价格同比有望呈现正增长；4 月开始随着天气转暖同比涨幅将有所收窄。不过，菜价波动主要受天气变化影响，如果今冬明春出现预期外的极端天气，则鲜菜价格在 2018 年初的涨幅也有可能超出预期，对 CPI 的拉动作用也将更为显著。

3. 粮食价格预计维持基本平稳

近年来，国内粮食供给平稳增长，2017 年全国粮食总产量达 12358 亿斤，同比增长 0.3%，为历史第二高产。受居民消费结构变化的影响，粮食需求量稳中趋降，未来粮食需求走弱态势仍将延续。在国内粮食供过于求的压力作用下，2018 年粮食价格上涨动力不足，将继续维持低位平稳走势，对 CPI 的拉动作用有限。

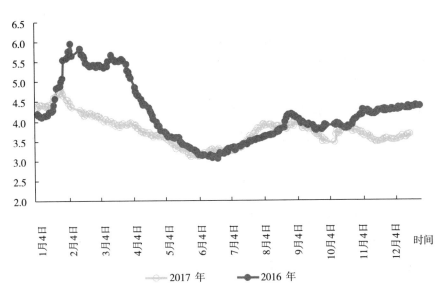

数据来源：Wind。

图 4 - 35　农业部 28 种重点监测蔬菜平均批发价格指数变化情况

从主要粮食作物看，目前小麦、稻谷库存压力相对较大。根据有关部门预测，2017 年末的小麦和稻谷库存，将分别超过全年消费量的 80% 和 70%，远高于国际标准。考虑到下调最低收购价，小麦和水稻的定价将更加贴近市场，预计 2018 年价格存在一定的下行压力，但总体不会有太大的波动。玉米种植在全国范围内减产，2017 年玉米种植产量为 4318 亿斤，同比下降 1.7%。受国内大力发展乙醇汽油政策影响，玉米去库存进程将有所加快，价格存在上涨的可能，但受制于目前 2.4 亿吨的高库存，上涨幅度不会太大。大豆价格对外依存度较高，从国际方面看，美国农业部发布的 12 月《全球农产品供需评估报告》中，全球大豆库存上调至 9830 万吨，高于平均预期，表明国际大豆供应仍较为宽松，价格缺乏上涨的基础。此外，在环保重压下，国内的大豆压榨厂停产、限产，大豆需求增长缓慢，也将影响大豆价格涨幅。

（四）非食品价格将维持平稳上涨

从中长期趋势看，以服务为代表的非食品项对 CPI 的贡献会持续上升。一是消费升级拉动服务需求。随着居民收入水平的提高，传统食品、烟、酒等项目的消费持续下降，购买各类服务成为"刚性"消费支出，成为驱动服务价格上涨的长期动力。特别是目前城市教育、养老、交通、文化娱乐等领域市场缺口巨大，这也推动了服务价格中长期上涨。二是劳动年龄人口缺口和由此带来的劳动力成本的持续上升，是服务价格上涨的长期推动力。

从短期看,非食品价格有可能呈现较为稳定的上涨。首先,燃料等价格同比有可能保持温和上涨。在国际原油价格仍有上涨可能的情况下,国内成品油价格也将随之上调,直接影响 CPI 居住项目下的水电燃料价格,以及交通通信项目下的交通工具使用的燃料和邮递服务价格。但受供给趋于改善以及高基数因素影响,燃料类价格同比增幅有可能收窄。其次,医疗保健价格可能平稳上涨。由于目前仍有大部分地区未完成医药改革,2018 年医疗服务价格仍有提升空间。考虑到价格基数效应,预计医疗服务价格涨幅有可能缩小。此外,2017 年 11 月国家发展改革委发布《关于全面深化价格机制改革的意见》,将进一步深化垄断行业价格改革、加快完善公用事业和公共服务价格机制等,这些改革有可能推升非食品价格小幅上涨。最后,当前房地产进入小周期下行阶段,房租价格上涨势头减弱,考虑到国家正大力发展租赁住房市场,预计 2018 年居住类价格将维持基本稳定。

(五) 价格变动趋势预测

1. 预计 2018 年全年 CPI 涨幅为 2.2%

基于以上分析,根据计量经济模型预测,2017 年全年 CPI 上涨约 1.5%;2018 年全年 CPI 涨幅为 2.2%,月度同比涨幅波动性较高。

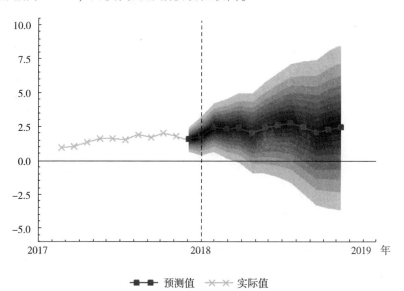

数据来源:2017 年 11 月及之前数据来源于国家统计局,12 月及之后的数据为作者预测。

图 4 - 36 CPI 同比涨幅预测

2. 预计 2018 年全年 PPI 涨幅为 3% 左右

在前述分析基础上，根据计量模型，预计 2017 年 PPI 同比涨幅在 6.4%；2018 年 PPI 同比涨幅逐步回落，全年上涨 3%，呈前高后低态势。

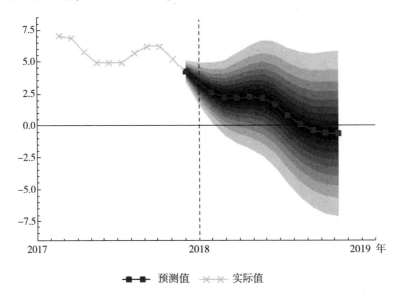

数据来源：2017 年 11 月及之前数据来源于国家统计局，12 月及之后的数据为作者预测。

图 4 - 37　PPI 同比涨幅预测

四、专题分析

全球低通胀：表现、原因和政策挑战

2008 年国际金融危机后出现了有关通货膨胀的"双重难题"（Twin Puzzle）。一方面是"消失的去通货膨胀"（Missing Disinflation），在 2009—2011 年衰退期间，发达经济体并未出现如菲利普斯曲线所描述的物价下降趋势；另一方面是"消失的通货膨胀或再通胀"（Missing Inflation or Reflation），在 2012—2017 年尽管经济逐步复苏，但发达经济体的总体通胀率仍处于较低水平。低通胀现象不仅出现在发达经济体中，在一些新兴经济体中也出现了类似的现象，巴西、俄罗斯、印度等历史上通胀率较高的国家近两年来也出现了通胀率明显降低的现象。

（一）全球低通胀的背景和表现

从全球范围看，近期 GDP 增长率、就业率、PMI 等指标均显示经济复苏势头向好，产能利用率也呈回升态势，但发达经济体的通胀率仍低于目标，新兴经济体的通胀率明显走低。这与经济学理论中价格与经济增长、就业、工资的关系出现了不一致。

1. 经济增长与低通胀并存

主要发达经济体的经济持续扩张，经济走势同步上升，表现为 GDP 环比折年率于 2016 年后上升，然而，发达经济体通胀率仍低于目标通胀率。自 2017 年以来，发达经济体的 CPI 有所回升，但剔除了食品和能源的核心 CPI 仍维持在低位。除英国的核心 CPI 于 2 月触及目标值 2% 并于 4 月后持续高于目标值以外，欧元区、美国、日本的核心 CPI 仍保持在低位。

欧元区通胀与经济增长的不一致表现得尤其明显。欧元区 GDP 于 2012 年后连续实现增长，自 2013 年至今的通胀率均低于 2%。近期，欧洲央行上调了经济增长预期目标，但对通胀依然谨慎，认为 2020 年通胀率预测低于 2% 的目标值。

美国的经济复苏势头较欧元区更为强劲，通胀率也相对较高，但核心 CPI 仍保持在较低水平。美联储近期上调了未来 3 年的实际 GDP 增速，但对通胀率的预测仅上调 2017 年预测值 0.1 个百分点至 1.7%，对其他年份通胀率预测保持不变，核心通胀率预测也维持不变。Yellen（2017a）在重申通胀率中期升至 2% 的同时，承认对通胀率的预期存在不确定性。

近两年来，日本经济温和复苏，到 2017 年第三季度，日本经济已连续 7 个季度正增长，通胀水平也有所改观。但 2017 年日本央行几次下调通胀预期。日本央行在 2017 年 11 月的会议上，虽上调了 2017 财年 GDP 增速预期，但同时下调了 2017—2018 年和 2018—2019 年的核心 CPI 预期。日本央行认为，通胀缺乏抬升支撑，物价趋于下行，通胀预期仍弱。

新兴经济体同样面临通胀率持续走低的挑战。2016 年至 2017 年末，金砖五国的 CPI 步入继续下降趋势。国际货币基金组织在 2017 年秋季的《全球经济展望》中预计，新兴市场和发展中经济体 2017 年和 2018 年的经济增长将提速，但通胀压力正在减轻。

中国经济自 2016 年下半年以来企稳回升，但 2017 年 CPI 的增速却较 2016 年有所回落，不包括食品和能源的核心 CPI 较上年明显回升，主要受供给侧去产能、环保限产政策和医疗价格改革的影响较大，未来走势还存在不确定性。

2. 失业率已降至周期性低点，但通胀率未明显上行

根据菲利普斯曲线，通货膨胀率与失业率呈反向的变动关系；但近些年发达经济体的情况表明，失业率对通胀率的影响明显减小，甚至变得不显著（IMF，2013；Blanchard 等，2015）。以美国为例，最常用的失业率 U‑3 指标在 2017 年 10 月下降到 4.1%，已经达到周期性低点，但并未给通胀率带来明显的上行压力。有研究认为菲利普斯曲线扁平化了。还有研究认为，菲利普斯曲线有可能是非线性的。Nalewaik（2016）、Murphy（2017）等利用美国数据验证了菲利普斯曲线的非线性在统计上显著，相关特征包括凸性、其斜率在失业率水平较低时是失业率较高时的两倍等。由于劳动力市场特征差异，各国的失业率与通胀率的关系存在很大不同。

3. 劳动力市场继续走强，但工资增长乏力

发达经济体的各项指标（包括就业率、新增就业人数等）显示就业市场进一步趋紧，但就业率改善未能转化为名义工资上涨。根据国际货币基金组织 2017 年秋季发布的《全球经济展望》，大多数发达经济体的名义工资增长仍明显低于 2008—2009 年大衰退之前的水平。工资增长缓慢的原因包括各国劳动力市场结构性因素、趋势生产率增长缓慢、技术进步导致资本挤出劳动力、就业结构改变、工会议价能力减弱、非固定合约下的劳动力成本降低等。此外，工资增长乏力可部分归因于通胀预期（IMF，2017）和经济中的不确定性，包括政策、通胀走势的不确定性等（Yellen，2017a）。相关不确定性影响企业的生产决策、价格政策，从而反馈到通胀趋势上。

不过，有观点质疑失业率数据的准确性。随着劳动力参与率的持续下滑，单纯以失业率来判断是否充分就业并不准确。

（二）全球低通胀的主要原因

1. 技术变革压低通胀率

技术变革在改进生产、提供商业服务中起到显著作用，提高了价格透明度，压缩了供应链的中间环节，加剧行业竞争，降低了价格水平。随着技术的不断进步（如计算机科技、电子商务、智能手机应用技术、人工智能等迅猛发展），技术的相对价格也不断下降，进而降低了各行业的生产成本。BIS（Borio，2017a）的研究认为，包括技术进步在内的实际因素对通胀率的影响可能被低估了。而欧洲央行行长 Draghi（2016）认为，技术变革（特别是电子商务）对通胀率的影响可能是非永久性的，比如电子商务的影响只会持续到电子商务的扩散稳定下来。

技术对 CPI 的影响，可以通过相关行业的投入产出数据进行测算。通过运用美国经济分析局（BEA）的行业投入产出数据，对比包含科技因素的生产成本（PPI）和不包含科技因素的生产成本，Davis（2017）发现，科技对通胀率的影响自 2001 年以来相当显著，大约拉低了年均通货膨胀率 0.5 个百分点；相关效应对技术密集型产业最为明显，如信息和通信、专业服务及制造业等，而其通过连锁反应对医疗保健、教育、零售贸易等的影响也不容忽视。

2. 人口老龄化、出生率降低产生通缩压力

随着出生率下降和寿命延长，全球老龄化趋势明显。全球人口增长率自 1983 年达到 1.78% 后一路下行，2016 年为 1.18%；人口年龄构成中，65 岁以上人口占总人口比重由 1984 年的 5.86% 持续上升至 2016 年的 8.48%。

人口老龄化通过多个途径降低物价水平。一是人口老龄化通过拉低潜在产出和总需求，产生通缩压力。人口老龄化使得储蓄超过了促进未来增长所需的长期投资，对潜在产出产生负面影响，进而影响家庭的永久收入和总需求。Draghi（2016）认为，人口结构变化通过储蓄和投资失衡造成的影响可能是短期的；若货币政策不做出反应，就可能产生长期的通缩压力。二是人口老龄化使自然利率走低，导致通缩压力。如果劳动年龄人口减少，预期寿命延长，家庭储蓄的动机就会增强，相应地资金供给增加，

对自然利率产生下行压力。若央行没有考虑人口变化导致的自然利率变化，货币政策可能会过紧，并产生通缩压力（Carvalho et al.，2016）。三是人口老龄化通过抬升不可贸易商品价格，使实际汇率升值，产生通缩压力。如果供给不能完全满足增加的需求，不可贸易商品的相对价格就会上升，货币会升值，从而产生通缩压力（Anderson et al.，2014）。四是若年长群体影响政策决策，可能偏好较低的通胀水平。年长群体往往处于债权人的地位，更加重视价格稳定，偏好相对较低的通货膨胀。若年龄较大的群体能影响再分配政策，则政策更倾向于价格稳定和较低的、低稳定的通货膨胀率（Bullard et al.，2012）。五是全球范围内生育率的降低、人口增速减慢也导致了通胀的疲软。关于人口增速放缓对通胀率的影响，穆迪的一份报告（Ozimek，2017）分析了 27 个国家在 1962—2015 年的数据，发现人口增长对于物价水平的影响是长期的、非对称性的。人口增速每减少 1%，通胀就降低 1/3 个至 2/3 个百分点，其影响明显大于人口增速提高的影响；人口增速每增加 1%，通胀只增加 0.1% 至 0.14%。

3. 全球化通过产品市场、劳动力竞争和全球价值链等途径影响通胀走低

通货膨胀对国内经济环境的敏感性降低，而全球因素的重要性上升（BIS，2014）。对菲利普斯曲线的估计表明，全球因素如全球产出缺口、进口价格等，对本国通胀率的影响显著；相比之下，国内产出缺口的影响较小（Berganza et al.，2016）。此外，全球经济景气状况和全球通货膨胀在国内菲利普斯曲线估计中也非常重要（Mikolajun and Lodge，2016）。英国央行行长 Carney 2017 年 9 月在 IMF 的演讲中指出，所有央行都必须考虑全球经济景气状况与国内通胀之间的周期性关系、全球化的长期压力对国内通胀动态机制的影响，以及全球因素如何影响国内的货币政策立场。

全球化通过如下途径影响物价。一是全球贸易导致可贸易品价格走低，对国内通胀产生压力。全球化进程扩大了国际上可贸易商品和服务的范围，并导致可贸易的商品和服务价格由于新兴经济体生产成本较低而走低。进口价格通过家庭购买的最终商品和服务直接影响国内通胀。IMF（2016）研究表明，全球化导致的商品通胀率的下降比服务通胀率的下降更严重。二是劳动力的全球分工及竞争对通胀产生下行压力。新兴经济体和发展中国家劳动力持续地进入全球经济对长期通货膨胀形成下行压力。全球化通过全球价值链分割生产任务的能力越来越强，劳动密集型产业加速向成本更低的地区转移，降低了工人的相对议价能力和工资预期，对长期通货膨胀形成下行压力（Carney，2017）。而随着国家间劳动力成本差异的缩小，相关影响可能在中长期内缓解（Borio，2017a，2017b）。三是全球价值链的延伸，各国之间的投入产出关联加强，导致全球低通胀加深。Carney 认为（2017），中间商品贸易占过去 20 年全球贸易总额增长的 80%。全球价值链的扩张导致各国生产者价格通胀的同步化（Auer，Borio and Filardo，2017），并增强了国际间价格溢出效应（Auer，Levchenko and Saure，2017）。

4. 大宗商品价格回落导致通胀率处于低位

大宗商品的价格，特别是石油价格变化，对通胀走势的影响很显著，对整体通胀的影响较大。以欧洲为例，在调和 CPI（HCPI）的消费品篮子中，能源占 10% 左右。

最近几年油价出现较大回落，对全球通胀产生了明显的抑制作用。油价下跌尽管有需求增长放缓的原因，但更主要的是由于供给的大幅增加。在 2003 年至 2008 年国际金融危机爆发前持续多年油价大幅上涨行情的刺激下，全球原油供给能力大大增强。特别是，页岩油开采技术的应用使得北美等非欧佩克地区原油产量大幅上升，尤其是美国原油供给快速增长。原油供给与需求的不同步变化最终导致供求关系发生逆转，原油价格在 2014 年后出现下跌。实证研究表明，石油价格下降对通胀的影响显著且普遍存在。不过，油价下跌对各国 CPI 的影响程度存在差异，和在 CPI 中石油的比重、能源税收和补贴以及汇率的波动有关。

5. 汇率升值导致部分国家通胀率下降

汇率冲击的性质不同，对通胀率造成的影响也不同。在货币政策导致汇率升值的情况下，汇率传递要明显高于平均水平（Ciccarelli and Osbat, 2017）。汇率冲击对美国的影响较大，它在最终消费者层面通过进口价格的方式，成为外部冲击影响国内通胀的重要途径（Forbes et al., 2017）。美元走强使进口价格降低，对 2014—2016 年的通胀产生抑制作用。其他本币升值显著的国家的通胀率也存在通胀走低的压力。但对于俄罗斯等汇率大幅度贬值的国家，也曾带来巨大的通胀压力。自 2016 年以来，随着这些国家汇率贬值压力的缓解，其通胀压力也相应降低。

汇率变动对国内价格的传递效应，受到本国通胀环境、货币政策稳定性、市场开放程度等因素的影响。汇率变动对国内价格的影响渠道包括直接的价格传递机制，间接的替代机制、收入机制、货币工资机制、货币供给机制、资产价格机制、债务机制、预期机制等。因此，汇率变动对各国通胀的影响是上述机制在本国经济环境中综合作用的结果。

6. 通胀预期维持低位使低通胀自我实现

通胀预期的核心作用在于影响价格和工资的设定。当生产商基于近期的通货膨胀走势形成预期时，低通胀会助长较低的通胀预期，并通过工资和价格的决策反作用于实际通胀率。低（高）通胀持续的时间越长，通胀不会自动回到目标值的风险就越大。

通胀目标制的实施，有利于将市场的通胀预期锚定在通胀日标水平附近。但长期无法实现通胀目标，则会损害央行的公信度，进而影响货币政策的相关传导机制，并进一步加深低迷的通胀预期。

（三）中央银行应对低通胀的政策工具及面临的挑战

1. 中央银行应对低通胀的政策工具

（1）预期引导

预期引导使中长期通胀预期锚定在目标通胀率附近通胀，是货币政策产生作用的一个重要渠道。预期引导相当于以通胀预期为中间目标，引导公众预期达到通胀目标水平。当厂商预计央行将稳定未来通胀时，他们倾向于不对当前通胀波动做出反应（即不调整价格和工资），从而使得现实通胀更稳定。通胀预期的形成具有黏性，可能导致独立于货币政策的、更稳定的通胀结果。因此，进行预期引导，对于对抗低通胀至关重要。

通胀预期的准确度量，是央行进行预期引导的基础。度量通胀预期的方法一是通过专业的调查机构获得，成本较高但预测效果较好；二是由金融市场数据计算得出，易于获得但受到通胀风险溢价的影响较大。金融市场上的通胀补偿措施，如通胀互换（Inflation Swaps）和 TIPS 平衡利率（Treasury Inflation – Protected Securities Break – Even Rates），包含通胀预期和通胀风险溢价两个组成部分。其中，通货膨胀风险溢价的占比可能很大，且波动性较大，容易影响对通胀预期的估计。度量通胀预期锚定的稳定性的指标包括：通胀补偿措施或利率对宏观经济信息的反应，长期通胀预期对短期通胀预期波动的敏感度，通胀预测的准确度，通胀趋势冲击的波动性以及平均预期与央行通胀目标的接近程度。

（2）前瞻性指引

前瞻性指引是各国央行通过引导市场对未来利率的预期，使市场预期与央行目标靠拢的现代货币政策工具。从本质上讲，前瞻性指引通过预期渠道进行，预期未来的短期利率是决定长期利率的关键因素，而长期利率驱动储蓄、消费和投资决策。前瞻性指导的优点在于当政策利率达到有效利率下限（Effective Lower Bound of Interest Rate，ELB）时，提供更大的货币政策调节空间。通过提供保证，央行可以在一段时间内保持低水平的政策利率，同时可以防止市场波动干扰或阻碍货币政策传导。自 2013 年 6 月以来，欧洲央行根据通胀前景一直在为货币政策利率的未来走势提供前瞻性指引。

前瞻性指引（宣布政策利率路径）的效果可用 DSGE 结构模型进行评估。DSGE 模型中充分考虑了市场参与者对主要宏观经济变量的预期的关键作用。实证分析表明，前瞻性指引有助于缓解价格稳定的下行风险，前瞻性指引下的当前和预期实际利率的降低可以在短期内增加消费和投资，从而提升 GDP 和通胀率。

（3）非常规货币政策

近年来，在短期货币政策利率已达到有效下限（ELB）的情况下，发达经济体的央行实施了各种量化宽松政策（QE），旨在刺激经济以及影响相关通胀走势。比如美国的 QE（Quantitative Easing）、欧元区的 APP（Asset Purchase Programme），日本的 QQE（Quantitative and Qualitative Monetary Easing）等。

非常规货币政策影响通胀的渠道包括：通胀预期重新锚定、货币增长和汇率传递渠道。一是央行宣布资产购买计划后，其资产负债表的扩张路径被纳入市场预期，能显著降低通胀预期的脱锚风险。例如，美联储资产负债表的扩张（尤其是在 QE2 和 QE3）有效地防止了通胀预期脱锚，并抵消了通货紧缩的高尾部风险。Andrade et al.（2016）运用宏观经济模型分析欧元区 APP 的影响，发现该计划对宏观经济预期的影响相当大。二是货币增长有助于推升通胀。彭文生（2017）认为，货币有两个投放方式，一个是银行放信贷，另一个是财政赤字。以银行信贷方式投放的货币，未必传导到需求端，可能导致资产估值过高甚至出现资产泡沫，而不一定反映在一般物价上；通过政府财政赤字投放的货币，会导致物价加速提高。三是非常规货币政策通过影响汇率，对进口价格及价值链上的定价决策产出影响。然而，有研究表明汇率传递渠道的作用正在减弱，原因包括金融工具的对冲作用、进口产品的结构转变、增加本国货币计价、低通胀的低波动环境等（ECB，2014；Ciccarelli and Osbat，2017）。

非常规货币宽松政策有助于抬升低通胀，在日欧的效果正在呈现，但或将催生资产泡沫，诱发潜在的通货膨胀风险。对非常规货币政策影响通胀的效果及渠道的实证研究，通常采用 DSGE 模型或结构 BVAR 模型（Burlon et al.，2015；Forbes et al.，2015），并模拟相应的国内外货币政策冲击对通胀率的影响。

（4）利率政策

由于利率下限的存在，低通胀限制了央行利率工具进行货币政策调控的空间，使未来通胀走势和经济中的不确定性因素上升（Yellen，2017b）。欧洲央行和日本央行分别于 2014 年 6 月和 2016 年 1 月推出负利率政策，旨在刺激银行积极放贷，缓解国内的通缩压力[①]。然而，负利率政策对抗低通胀的有效性存疑，有研究表明日本的负利率政策有利于刺激投资，降低长期利率，防止本币升值，但对低通胀的影响并不明显。

（5）调整通胀目标

在通胀目标制下，市场通胀预期被逐渐"锚定"在通胀目标水平附近。通胀长期偏离目标值，可能是通胀预期已经脱锚的表现。脱锚的通胀预期或将带来很大的通胀风险，而脱锚可能源于两类原因：一是通胀目标设定存在偏差，二是央行的通胀目标制框架改变（IMF，2013）。两种原因的应对措施截然相反。若通胀目标设定存在偏差，则应调整目标；若央行的通胀目标制框架改变引发了脱锚，则不应当进行调整。

虽然学术界不乏对通胀目标是否恰当的讨论，但各国央行普遍不愿意调整通胀目标。通货膨胀目标在不同锚点之间转换的成本很高，特别是在原先的通胀目标没有实

---

① 其他实行负利率的国家，如丹麦和瑞士，目的在于稳定汇率。

现的情况下（Praet, 2016）。对于已经实行通胀目标制的国家，更改通胀目标弊大于利，主要体现在目标转变对实际利率和债务情况的影响、央行的信誉损失、通胀预期再次偏离目标引发的风险等。

2. 中央银行在低通胀环境下面临的挑战

（1）全球性因素使国内政策的效果降低

全球低通胀的共性已经超出了商品价格的解释范围，主要是全球货币政策框架共同冲击和趋同的结果。一项针对 22 个经合组织国家（OECD）的研究表明，各国通货膨胀受一个共同的因素驱动，该因素对总方差的贡献度将近 70%，且这种影响不仅在于通货膨胀的趋势部分，而且在于商业周期波动的频率；此外，还存在一个强有力的误差校正机制，将各国的通货膨胀率拉回全球通货膨胀。

全球性因素带来的挑战包括：一是全球经济结构性因素引发的低通胀，无法通过国内刺激性货币政策来解决，因而国内积极政策的效果较低（Draghi, 2016）。二是通胀的国际溢出效应（Auer, Levchenko and Saure, 2017），主要通过投入产出的国际关联发挥作用，仅依靠国内政策进行调整的难度较大。三是在全球通胀走势趋同、货币政策框架的共同冲击情况下，国内政策不得不对国外货币政策的溢出效应做出反应。

（2）对未来通胀率走势的预测、调整难度增大

通货膨胀率动态变动机制，不仅能够体现经济运行的内在规律，也为中央银行的货币政策制定提供了重要的依据和标准。然而，20 世纪 90 年代以来，通胀预期对历史通胀的依赖程度显著降低（Kiley, 2015），使得根据历史数据进行预测愈加困难。

由于通货膨胀率和失业率的相关性降低，对通胀动态变动的描述更加复杂，中央银行通胀目标的实现更加困难（Blanchard, 2016）。面临通胀和失业率的权衡时，中央银行会倾向于在特定时间内将失业率维持在低于自然失业率的水平（刺激产出超过潜在产出水平），并承担相应的通胀风险。此外，由于菲利普斯曲线扁平化，调整通货膨胀率所需调整的产出缺口或者失业率缺口幅度会更大（IMF, 2013）。

（3）政策窗口、工具的选择，与通胀冲击的性质和频率密切相关，识别难度较高

央行采取行动的窗口期限取决于冲击的性质，若对短期供应冲击做出的反应过度，则加剧对经济增长的影响。在长期低通胀的背景下，若保持观望态度或贸然扩大政策范围，都容易导致通胀预期持续降低，并进一步导致通货膨胀持续疲软（Draghi, 2016）。

此外，国内扩张性的货币政策将导致过多的外币债务或资产价格泡沫的积累，这种现象在新兴市场尤为突出。

参考文献

［1］彭文生（2017）．"全球低通胀告诉我们什么?"，2017 英国《金融时报》年度高峰论坛．

［2］Anderson, D., D. Botman and B. Hunt（2014）, "Is Japan's Population Aging Deflationary?", Working Paper, No 14/139, International Monetary Fund, August.

［3］Auer, R., A. Levchenko and P. Saure（2017）, "International inflation spillovers through input linkages", mimeo.

［4］Auer, R., C. Borio and A. Filardo（2017）, "The globalisation of inflation: the growing importance of global value chains", BIS Working Papers No 602.

［5］Babb, N. R., and A. K. Detmeister,（2017）. Nonlinearities in the phillips curve for the united states: evidence using metropolitan data. Finance and Economics Discussion Series 2017 – 070. Federal Reserve Board, Washington, D. C.

［6］Berganza, J. C.. P. D. Río and F. Borrallo（2016）Determinants And Implications Of Low Global Inflation Rates. Working Paper.

［7］Blanchard, O.,（2016）. "The US Phillips Curve: Back to the 60s?", Policy Brief. Washington D. C. : Peterson Institute for International Economics.

［8］Blanchard, O.. Cerutti, and L. Summers.（2015）. "Inflation and Activity: Two Explorations and Their Monetary Policy Implications." In Inflation and Unemployment in Europe: Conference proceedings. ECB Forum on Central Banking.

［9］Borio, C. and A. Filardo（2007）. Globalisation and inflation: New cross – country evidence on the global determinants of domestic inflation, BIS Working Papers No 227.

［10］Borio, C（2017b）. "How much do we really now about inflation?", presentation on the BIS's 87th Annual Report on the occasion of the BIS Annual General Meeting, Basel, 25 June.

［11］Borio, C.（2017a）. "Through the looking glass", Lecture by Claudio Borio Head of the BIS Monetary and Economic Department, OMFIF City Lecture 22 September 2017, London.

［12］Bullard, J., C. Garriga and C. J. Waller（2012）, "Demographics, Redistribution, and Optimal Inflation", Federal Reserve Bank of St. Louis Review, 94 (6), 419 –439.

[13] Carney, M. (2017). [De] Globalisation and inflation, 2017 IMF Michel Camdessus Central Banking, Speech, September 2017.

[14] Carvalho, C. , A. Ferrero and F. Nechio (2016), "Demographics and Real Interest Rates: Inspecting the Mechanism", European Economic Review, Elsevier, 88 (C), 208 –226.

[15] Ciccarelli, M. and C. Osbat (2017). Low inflation in the euro area: causes and consequences. Occasional Paper No 181. European Central Bank.

[16] Coenen, G. and A. Warne (2014) "Risks to Price Stability, the Zero Lower Bound, and Forward Guidance: A Real – Time Assessment", International Journal of Central Banking, 10 (2): 7 –54.

[17] Constâncio, V. (2017) "Understanding and overcoming low inflation", Remarks by Vítor Constâncio, Vice – President of the ECB, at the Conference on "Understanding inflation: lessons from the past, lessons for the future?", Frankfurt am Main, 21 and 22 September 2017.

[18] Gopinath, G. (2015). The international price system. NBER Working Paper No. 21646.

[19] Honda, Y. and H. Inoue, (2017). The effectiveness of the negative interest rate policy in Japan: an early assessment. Discussion Papers in Economics & Business.

[20] Kiley, Michael T. (2015). "Low Inflation in the United States: A Summary of Recent Research," FEDS Notes. Washington: Board of Governors of the Federal Reserve System, November 23.

[21] Mikolajun, I. and D. Lodge (2016) Advanced economy inflation: the role of global factors. ECB Working Paper.

[22] Murphy, A. (2017) "Is the U. S. Phillips Curve Convex? Some Metro Level Evidence. " Federal Reserve Bank of Dallas. Presentation.

[23] Nalewaik, J. (2016). "Non – Linear Phillips Curves with Inflation Regime – Switching. " Finance and Economics Discussion Series 2016 – 078. Federal Reserve Board, Washington, D. C.

[24] Ozimek, A. (2017). Population Growth and Inflation. Moody's Analytics Report.

[25] Yellen, J. (2017a), "Inflation, Uncertainty, and Monetary Policy," speech delivered at "Prospects for Growth: Reassessing the Fundamentals," the 59th annual meeting of the National Association for Business Economics, Cleveland, Ohio, September 26.

[26] Yellen, J. (2017b), "The U. S. Economy and Monetary Policy," speech delivered at the Group of 30 International Banking Seminar, Washington, D. C. , October 15. https: //www. federalreserve. gov/newsevents/speech/Yellen20171015a. htm.